根据教育部最新高校"形势与政策

U0668640

2022-2023（第一学期）

形势与政策

—— 全国版 ——

本书编写组 ◎编

人民日报出版社
北京

图书在版编目（CIP）数据

形势与政策：全国版 / 本书编写组编 . –北京：
人民日报出版社，2022.4
ISBN 978-7-5115-7316-2

Ⅰ. ①形… Ⅱ. ①本… Ⅲ. ①时事政策教育－高等学
校－教材 Ⅳ. ① G641.41

中国版本图书馆 CIP 数据核字 (2022) 第 057538 号

书　　名：形势与政策：全国版
　　　　　XINGSHI YU ZHENGCE: QUANGUOBAN
作　　者：本书编写组

出 版 人：刘华新
责任编辑：袁兆英　刘晴晴
封面设计：邢海鸟

出版发行：人民日报出版社
社　　址：北京金台西路 2 号
邮政编码：10073
发行热线：（010）65369527　65369846　65369509　65369512
邮购热线：（010）65369530　65363527
编辑热线：（010）65363105
网　　址：www. peopledailypress. com
经　　销：新华书店
印　　刷：唐山嘉德印刷有限公司
法律顾问：北京科宇律师事务所 010-83632312

开　　本：880mm×1230mm　　1/32
字　　数：65 千字
印　　张：3
版次印次：2022 年 7 月第 1 版　2022 年 7 月第 1 次印刷

书　　号：ISBN 978-7-5115-7316-2
定　　价：24.00 元

编委会

★ 学习提示

1. PC 端请登录网址：www.ulearning.cn。

2. 移动端请根据学校要求下载及安装相应版本优学院 App。

Android 系统手机：扫描下方二维码或者在各大应用市场搜索"优学院 2.0"进行下载。

iOS 系统手机：扫描下方二维码或者在 App Store 搜索"优学院 2.0"进行下载。

优学院 2.0

3. 正式学习前，请先阅读《学习指南》，帮助您快速掌握新的学习方式。

《学习指南》获取方式之一：关注优学院公众号，学习服务 | 学习指南。

优学院公众号

《学习指南》获取方式之二：http://help.ulearning.cn。

4. 除教材涵盖的专题内容以外，网络学习平台将根据最新时事热点增加补充专题，请各学校根据学习安排自主选择。

目录

开创中国特色社会主义新时代——
深刻领会"两个确立"的决定性意义

沈传亮　中共中央党校（国家行政学院）研究室副主任、教授

北京天安门广场花团锦簇迎"五一"（来源：中国新闻图片网）

　　党的十八大以来，以习近平同志为核心的党中央团结带领全党全军全国各族人民，全面审视国际国内新形势，科学总

结实践经验，精心擘画未来蓝图，深刻回答一系列重大时代课题，不畏艰难妥善应对各种风险挑战，坚持统筹推进"五位一体"（经济建设、政治建设、文化建设、社会建设、生态文明建设）总体布局、协调推进"四个全面"①战略布局，坚持稳中求进工作总基调，对党和国家各方面工作提出一系列新理念新思想新战略，创立了习近平新时代中国特色社会主义思想，引领党和国家事业取得历史性成就、发生历史性变革，成功开创中国特色社会主义新时代。

一、准确理解中国特色社会主义新时代的内涵和意义

中国特色社会主义进入新时代，标志着经过长期努力，中国发展处于新的历史方位、中国特色社会主义事业进入新阶段。

党的十九届六中全会《决议》概括了新时代的丰富内涵："这个新时代，是承前启后、继往开来、在新的历史条件下继续夺取中国特色社会主义伟大胜利的时代，是决胜全面建成小康社会、进而全面建设社会主义现代化强国的时代，是全国各族人民团结奋斗、不断创造美好生活、逐步实现全体人民共同富裕的时代，是全体中华儿女勠力同心、奋力实现中华民族伟大复兴中国梦的时代，是我国不断为人类作出更大贡献的时代。"②

---

① 全面建设社会主义现代化国家、全面深化改革、全面依法治国、全面从严治党。

② 《中共中央关于党的百年奋斗重大成就和历史经验的决议》，《人民日报》2021 年 11 月 17 日第 8 版。

新时代是中国特色社会主义新时代，而不是别的什么新时代，具有重大意义。它意味着近代以来久经磨难的中华民族迎来了从站起来、富起来到强起来的伟大飞跃，迎来了实现中华民族伟大复兴的光明前景；意味着科学社会主义在21世纪的中国焕发出强大生机活力，在世界上高高举起了中国特色社会主义伟大旗帜；意味着中国特色社会主义道路、理论、制度、文化不断发展，拓展了发展中国家走向现代化的途径，给世界上那些既希望加快发展又希望保持自身独立性的国家和民族提供了全新选择，为解决人类问题贡献了中国智慧和中国方案。

我国社会主要矛盾发生转化是作出中国特色社会主义进入新时代这个重大政治论断的重要依据。党的十九大报告指出，我国社会主要矛盾已经转化为人民日益增长的美好生活需要和不平衡不充分的发展之间的矛盾。应该认识到，我国社会主要矛盾的变化是关系全局的历史性变化，对党和国家工作提出了许多新要求，但我国仍处于并将长期处于社会主义初级阶段的基本国情没有变、我国是世界最大发展中国家的国际地位没有变。要牢牢把握社会主义初级阶段这个基本国情，牢牢立足社会主义初级阶段这个最大实际，牢牢坚持党的基本路线这个党和国家的生命线、人民的幸福线。

进入新时代不能忘记前辈们做出的贡献、付出的心血。新时代不是天上掉下来的，也不是地里冒出来的，而是中国共产党团结带领中国人民接续奋斗干出来的。我们对以毛泽东同志、邓小平同志、江泽民同志、胡锦涛同志为主要代表的中国共产党人和伟大的中国人民艰苦奋斗、开拓进取所建立的历史功勋深怀敬意。尤其是改革开放和社会主义现代化建设新时期，中国经济发展增速保持在 9.9%，国内生产总值（GDP）达到世界第二位，为进入新时代打下了坚实物质基础。正如党的十九大报告所说，经过长期努力，中国特色社会主义进入新时代，这是我国新的历史方位。进入这个新方位，是长期努力的结果。

二、新时代创立新思想

扫一扫，获取本部分的内容讲解视频

进入新时代，中国共产党取得的最根本的成就是创立了习近平新时代中国特色社会主义思想。2017 年 10 月，党的十九大把习近平新时代中国特色社会主义思想确立为党必须长期坚持的指导思想并写入《中国共产党章程》，实现了党的指导思想的与时俱进。2018 年 3 月，第十三届全国人民代表大会第一次会议通过的《中华人民共和国宪法修正案》，郑重把习近平新时代中国特色社会主义思想载入宪法。

时代是思想之母，实践是理论之源。习近平新时代中国特色社会主义思想是在世界百年未有之大变局和中华民族伟大复兴的战略全局两个大局相互叠加、党在革命性锻造中坚定走在时代前列的时代背景下创立的。习近平总书记对关系新时代党和国家事业发展一系列重大理论和实践问题进行了深邃思考和科学判断，就新时代坚持和发展什么样的中国特色社会主义、怎样坚持和发展中国特色社会主义，建设什么样的社会主义现代化强国、怎样建设社会主义现代化强国，建设什么样的长期执政的马克思主义政党、怎样建设长期执政的马克思主义政党等重大时代课题，提出一系列原创性的治国理政新理念新思想新战略，是习近平新时代中国特色社会主义思想的主要创立者。

　　习近平新时代中国特色社会主义思想的核心内容是"十个明确"。"十个明确"是指：明确中国特色社会主义最本质的特征是中国共产党领导，中国特色社会主义制度的最大优势是中国共产党领导，中国共产党是最高政治领导力量，全党必须增强"四个意识"、坚定"四个自信"、做到"两个维护"；明确坚持和发展中国特色社会主义，总任务是实现社会主义现代化和中华民族伟大复兴，在全面建成小康社会的基础上，分两步走在 21 世纪中叶建成富强民主文明和谐美丽的社会主义现代化强国，以中国式现代化推进中华民族伟大复兴；明确新时代我国社会主要矛盾是人民日益增长的美好生活需要和不平衡不充分的发展之间的矛盾，必须坚持以人民为中心的发展思想，发展全过程人民民主，推动人的全面发展、全体人民共同富裕取得更为明显的实质性进展；明确中国特色社会主义事业总体布局是经济建设、政治建设、文化建设、社会建设、生态文明建设五位一体，战略布局是全面建设社会主义现代化国家、全面深化改革、全面依法治国、全面从严治党四个全面；明确全面深化改革总目标是完善和发展中国特色社会主义制度、推进国家治理体系和治理能力现代化；明确全面推进依法治国总目标是建设中国特色社会主义法治体系、建设社会主义法治国家；明确必须坚持和完善社会主义基本经济制度，使市场在资源配置中起决定性作用，更好发挥政府作用，把握新发展阶段，贯彻创新、协调、绿色、开放、共享的新发展理念，加快构建以国内大循环为主体、国内国际双循环相互促进的新发展格局，推动高质量发展，统筹发展和安全；明确党在新时代的强军目标是建设一支听党指挥、能打胜仗、作风优良的人民军队，把人民军队建设成为世界一流军队；明确中国特色大国外交要服务民族复兴、促进人类进步，推动建设新型国际关系，推动构建人类命运共同体；明确全面从严治党的战略方针，提出新时代党的建设总要求，全面推进党的政治建设、思想建设、组织建设、作风建设、纪律建设，把制度建设贯穿其中，深入推进反腐败斗争，落实管党治党政治责任，以伟大自我革命引领伟大社会革命。① 这些战略思想和创新理念，是党对中国特色社会主义建设规律认识深化和理论创新的重大成果。

新时代坚持和发展中国特色社会主义的基本方略是"十四个坚持"，即坚持党对一切工作的领导，坚持以人民为中心，坚持全面深化改革，坚持新发展理念，坚持人民当家作主，坚持全面依法治国，坚持社会主义核心价值体系，坚持在发展中保障和改善民生，坚持人与自然和谐共生，坚持总体国家安全观，坚持党对人民军队的绝对领导，坚持"一国两制"和推进祖国统一，坚持推动构建人类命运共同体，坚持全面从严治党。

全面准确理解习近平新时代中国特色社会主义思想，必须把握坚持和发展中国特色社会主义、实现中华民族伟大复兴这一核心要义，必须把握为中国人民谋幸福、为中华民族谋复兴、为人类谋进步、为世界谋大同这四把金钥匙，必须把握解放思想、实事求是、守正创新这三个活的灵魂，必须把握包括新时代坚持和发展中国特色社会主义的总目标、总任务、总体布局、战略布局和发展方向、发展方式、发展动力、战略步骤、外部条件、政治

形势与政策 全国版

---

① 《中共中央关于党的百年奋斗重大成就和历史经验的决议》编写组：《中共中央关于党的百年奋斗重大成就和历史经验的决议》，北京，人民出版社，2021。

保证等基本问题。

习近平新时代中国特色社会主义思想是以习近平同志为主要代表的中国共产党人坚持把马克思主义基本原理同中国具体实际相结合、同中华优秀传统文化相结合的产物，是中华文化和中国精神的时代精华，是对马克思列宁主义、毛泽东思想、邓小平理论、"三个代表"重要思想、科学发展观的继承和发展，是当代中国马克思主义、二十一世纪马克思主义，是党和人民实践经验和集体智慧的结晶，是全党全国人民为实现中华民族伟大复兴而奋斗的行动指南。这一思想开辟了马克思主义的新境界、开辟了中国特色社会主义的新境界、开辟了治国理政的新境界、开辟了管党治党的新境界，实现了马克思主义中国化新的飞跃。当然，这一思想还要继续从新的实践中汲取滋养而不断发展完善，具有开放性、包容性、人民性等鲜明特征。

深刻领会"两个确立"的决定性意义。中国共产党第十九届中央委员会第六次全体会议通过的《中共中央关于党的百年奋斗重大成就和历史经验的决议》指出："党确立习近平同志党中央的核心、全党的核心地位，确立习近平新时代中国特色社会主义思想的指导地位，反映了全党全军全国各族人民共同心愿，对新时代党和国家事业发展、对推进中华民族伟大复兴历史进程具有决定性意义。"① 这具有充分的实践依据，那就是：党的十八大以来，党和国家事业取得历史性成就、发生历史性变革，根本在于有以习近平同志为核心的党中央领航掌舵，有习近平新时代中国特色社会主义思想指引航向。"两个确立"

① 《中共中央关于党的百年奋斗重大成就和历史经验的决议》编写组：《中共中央关于党的百年奋斗重大成就和历史经验的决议》，北京，人民出版社，2021：26 页。

符合全党全军全国人民的共同愿望。这具有充分的理论依据，那就是：坚强的领导核心和科学的理论指导，是关乎党和国家前途命运、党和人民事业成败的根本性问题。 这具有充分的历史依据，那就是：中国共产党创建以来的奋斗历程的经验表明，一个领导集体没有核心是靠不住的，核心至关重要；一个组织没有科学思想指导是不行的，科学理论至关重要。要而言之，一个国家、一个政党，领导核心至关重要。确立习近平同志党中央的核心、全党的核心地位，是时代呼唤、历史选择、民心所向。坚定拥护和维护习近平总书记的核心地位，全党就有定盘星，全国人民就有主心骨，中华"复兴"号巨轮就有掌舵者，面对惊涛骇浪我们就能够做到"任凭风浪起、稳坐钓鱼船"。拥有科学理论的政党，才拥有真理的力量；科学理论指导的事业，才拥有光明前途。确立习近平新时代中国特色社会主义思想的指导地位，我们党就能在中华民族伟大复兴战略全局和世界百年未有之大变局深度演进的复杂环境下，坚持正确前进方向，乘风破浪不迷航；就能始终把握发展规律，运用科学世界观和方法论谋划事业发展、应对风险挑战，带领全国各族人民不断开辟中华民族伟大复兴的光明前景。

三、新时代取得历史性成就、发生历史性变革

扫一扫，获取本部分的内容讲解视频

党的十九大对十八大以来党和国家事业发展作了全面总结，集中概括为历史性成就、历史性变革，并从 10 个方面对历史性成就进行了梳理。党的十九大后，习近平总书记在不同场合也多次谈及历史性成就。党的十九届六中全会通过的《中共中央

关于党的百年奋斗重大成就和历史经验的决议》，对党的十八大以来党和国家事业取得的历史性成就、发生的历史性变革从 13 个方面分领域作出进一步概括。历史性成就与变革"是那些影响极其深远、极不寻常、能够在历史上留下浓墨重彩的非凡业绩"①。正如党的十九届六中全会所指出的："以习近平同志为核心的党中央，以伟大的历史主动精神、巨大的政治勇气、强烈的责任担当，统筹国内国际两个大局，贯彻党的基本理论、基本路线、基本方略，统揽伟大斗争、伟大工程、伟大事业、伟大梦想，坚持稳中求进工作总基调，出台一系列重大方针政策，推出一系列重大举措，推进一系列重大工作，战胜一系列重大风险挑战，解决了许多长期想解决而没有解决的难题，办成了许多过去想办而没有办成的大事，推动党和国家事业取得历史性成就、发生历史性变革"②。党的十八大以来，正是取得了这样的成就和变革，中国特色社会主义才出现新的历史气象。

对这些巨大成就和深远变革，可以考虑从强党、强国、强军、强外交四个方面进行概括。这一分析框架主要基于党在新时代的主要任务、历史使命。党在新时代的主要任务是全面建设社会主义现代化、实现中华民族伟大复兴，即在实现站起来、富起来的基础上实现强起来，同时也要为人类作出新的更大贡献。

---

① 中共中央党校（国家行政学院）：《习近平新时代中国特色社会主义思想基本问题》，北京，人民出版社、中共中央党校出版社，2020：26 页。

② 《中国共产党第十九届中央委员会第六次全体会议文件汇编》，北京，人民出版社，2021：49-50 页。

（一）强党

强党方面主要包括党的领导和全面从严治党两个部分。

一是坚持党的全面领导。党中央果断提出坚持和加强党的全面领导的重大战略思想，指出中国共产党领导是中国特色社会主义最本质的特征、是中国特色社会主义制度的最大优势、是最高的政治领导力量。关于"三最"的定位与论述，极大丰富和发展了马克思主义建党学说，是党的领导理论的最新发展。党中央强调坚持和加强党的全面领导是做好党和国家各项工作的根本保证；强调党政军民学，东西南北中，党是领导一切的；强调心怀"国之大者"，不断提升政治领悟力、政治判断力、政治执行力；强调增强"四个意识"，坚定"四个自信"，做到"两个维护"。采取一系列重大举措，纠正了一个时期以来在坚持党的领导问题上出现的模糊认识和错误思想认识，扭转了在一些地方和部门存在的党的领导弱化虚化淡化的现象，党中央权威和集中统一领导得到有力保证，党的领导制度体系不断完善，党的领导方式更加科学，全党思想上更加统一、政治上更加团结、行动上更加一致，党的政治领导力、思想引领力、群众组织力、社会号召力显著增强。

二是全面从严治党。制定实施全面从严治党的战略方针。推动全党尊崇党章，严明党的政治纪律和政治规矩，层层落实管党治党政治责任。坚持"照镜子、正衣冠、洗洗澡、治治病"的总要求，开展党的群众路线教育实践活动和"三严三实"专题教育，推进"两学一做"学习教育常态化制度化，开展"不忘初心、牢记使命"主题教育和党史学习教育，全党理想信念更加坚定、党性更加坚强。贯彻新时代党的组织路线，坚持新时代好干部标准，选人用人状况和风气明显好转。党的建设制度改革深入推进，形成比较完善的党内法规体系。把纪律挺在前面，着力解决人民群众反映最强烈、对党的执政基础威胁最大的突出问题。出台中央八项规定，严厉整治形式主义、官僚主义、享乐主义和奢靡之风，坚决反对特权。巡视利剑作用彰显，实现中央和省级党委巡视全覆盖。坚持反腐败无禁区、全覆盖、零容忍，坚持不敢腐、不能腐、不想腐一体推进，反腐败斗争取得压倒性胜利并全面巩固。党的自我净化、自我完善、自我革新、自我提高能力显著增强，管党治党宽松软状况得到根本扭转，党在革命性锻造中更加坚强。

（二）强国

强国方面主要包括经济建设、全面深化改革开放等九个方面。

一是经济建设。 党的十八大以来，我们立足新的历史方位，贯彻新发展理念、构建新发展格局，坚决转变发展方式，发展质量和效益不断提升。经济保持中高速增长，在世界主要国家中名列前茅，多年来对世界经济增长贡献率超过 30%，国内生产总值从 2012 年的 54 万亿元到 2021 年突破 110 万亿元，稳居世界第二位。2021 年，我国人均 GDP 达 80976 元，折合12551 美元，接近世界银行划设的高收入经济体人均水平门槛①。供给侧结构性改革深入推进，经济结构不断优化，数字经济等新兴产业蓬勃发展，高铁、公路、桥梁、港口、机场等基础设施建设快速推进。农业现代化稳步推进，粮食生产能力超

① 宁吉喆：《国民经济量增质升 "十四五" 实现良好开局》，载《求是》，2022（3）：56-62 页。

过 1.3 万亿斤。城镇化率超过 60%。重大区域战略深入实施，"一带一路"建设、京津冀协同发展、长江经济带发展成效显著，雄安新区建设、粤港澳大湾区建设稳步推进。创新驱动发展战略大力实施，创新型国家建设成果丰硕，火星探测顺利、空间站健康运转，悟空、墨子、大飞机等重大科技成果相继问世。金融运行总体平稳。总之，我国经济发展平衡性、协调性、可持续性明显增强，国家经济实力、科技实力、综合国力跃上新台阶，我国经济迈上更高质量、更有效率、更加公平、更可持续、更为安全的发展之路。

二是全面深化改革开放。我们召开了具有划时代意义的党的十八届三中全会，设立中央全面深化改革领导小组（后改为中央全面深化改革委员会），部署推进全面深化改革。三中全会召开后，党中央以前所未有的决心和力度冲破思想观念的束缚，突破利益固化的藩篱，坚决破除各方面体制机制弊端，积极应对外部环境变化带来的风险挑战。党的十八届三中全会确定的目标任务全面推进，各领域基础性制度框架基本确立，许多领域实现历史性变革、系统性重塑、整体性重构，为推动形成系统完备、科学规范、运行有效的制度体系，使各方面制度更加成熟更加定型奠定了坚实基础，全面深化改革取得历史性成就。同时，开放型经济新体制逐步健全，对外贸易、对外投资、外汇储备稳居世界前列，形成全方位开放格局。随着党不断推动全面深化改革开放向广度和深度进军，中国特色社会主义制度更加成熟更加定型，国家治理体系和治理能力现代化水平不断提高，党和国家事业焕发出新的生机活力。

三是政治建设。积极发展全过程人民民主，我国社会主义民主政治制度化、规范化、程序化全面推进，中国特色社会主义政治制度优越性得到更好发挥，生动活泼、安定团结的政治局面得到巩固和发展。党的领导、人民当家作主、依法治国有机统一的制度建设全面加强，党的领导体制机制不断完善，社会主义民主政治不断发展，党内民主更加广泛，社会主义协商民主全面展开，爱国统一战线巩固发展，民族宗教工作创新推进。国家监察体制改革顺利实施，权力运行制约和监督体系建设取得显著进展。政府机构改革任务完成。"放管服"改革纵深推进。

四是全面依法治国。党的十八届四中全会部署全面推进依法治国，明确了建设法治中国的路线图、时间表。此后，科学立法、严格执法、公正司法、全民守法深入推进，法治国家、法治政府、法治社会建设相互促进。《中华人民共和国民法典》颁布实施，全社会法治观念明显增强。中国特色社会主义法治体系不断健全，法治中国建设迈出坚实步伐，党运用法治方式领导和治理国家的能力显著增强。

五是文化建设。党牢牢掌握意识形态工作的领导权、主动权，坚持马克思主义在意识形态领域指导地位的根本制度，我国意识形态领域形势发生全局性、根本性转变。党的理论创新全面推进，中国特色社会主义和中国梦深入人心，社会主义核心价值观和中华优秀传统文化广泛弘扬，群众性精神文明创建活动扎实开展。公共文化服务水平不断提高，文艺创作持续繁荣，文化事业和文化产业蓬勃发展，互联网建设管理运用不断完善，全民健身和竞技体育全面发展。全党全国各族人民文化自信明显增强，全社会凝聚力和向心力极大提升，为新时代开创党和国家事业新局面提供了坚强思想保证和强大精神力量。

六是社会建设。深入贯彻以人民为中心的发展思想，坚持在发展中保障和改善民生，一大批惠民举措落地实施，历史性消灭了绝对贫困，全面建成了小康社会。教育事业稳步发展，中西部和农村地区教育明显加强。就业状况持续改善，城镇新增就业近年来稳定保持在千万人以上。城乡居民收入增速超过经济增速，中等收入群体持续扩大。覆盖城乡居民的社会保障体系基本建立，人民健康和医疗卫生水平大幅提高，保障性住房建设稳步推进。居民人均预期寿命由 1981 年的 67.8 岁提高到 2019 年的 77.3 岁。人民生活全方位改善，社会治理社会化、法治化、智能化、专业化水平大幅度提升，形成了人民安居乐业、社会安定有序的良好局面，续写了社会长期稳定奇迹。

七是生态文明建设。党中央以前所未有的力度抓生态文明建设，倡导绿水青山就是金山银山，全党全国贯彻绿色发展理念的自觉性和主动性显著增强；生态文明制度体系加快形成，主体功能区制度逐步健全，国家公园体制积极推进；全面节约资源有效推进，能源资源消耗强度大幅下降；重大生态保护和修复工程进展顺利，森林覆盖率持续提高；污染防治持续推进，主要污染物排放量继续下降，生态环境总体改善；积极引导应对气候变化国际合作，成为全球生态文明建设的重要参与者、贡献者、引领者；美丽中国建设迈出重大步伐，我国生态环境保护发生历史性、转折性、全局性变化。

八是维护国家安全。国家安全得到全面保障，经受住了来自政治、经济、意识形态、自然界等方面的风险挑战考验，为党和国家兴旺发达、长治久安提供了有力保证。

九是坚持"一国两制"和推进祖国统一。党中央采取一系列标本兼治的举措，坚定落实"爱国者治港""爱国者治澳"，推动香港局势实现由乱到治的重大转折，为推进依法治港治澳、促进"一国两制"实践行稳致远打下了坚实基础；坚持一个中国原则和"九二共识"，坚决反对"台独"分裂行径，坚决反对外部势力干涉，牢牢把握两岸关系主导权和主动权。

（三）强军

强军方面主要包括国防和军队建设。党的十八大以来，我们着眼于实现强军梦，建设世界一流军队，制定新形势下军事战略方针，坚持政治建军、改革强军、科技强军、人才强军、依法治军，全力推进国防和军队现代化。2014年10月在福建省上杭县古田镇召开了全军政治工作会议（古田会议），恢复和发扬我党我军光荣传统和优良作风，人民军队政治生态得到有效治理。国防和军队改革取得历史性突破，形成军委管总、战区主战、军种主建新格局，人民军队组织架构和力量体系实现革命性重塑。加强练兵备战，有效遂行海上维权、反恐维稳、抢险救灾、国际维和、亚丁湾护航、人道主义救援等重大任务，武器装备加快发展，军事斗争准备取得重大进展。总之，人民军队实现整体性革命性重塑、重整行装再出发，国防实力和经济实力同步提升，人民军队坚决履行新时代使命任务，以顽强斗争精神和实际行动捍卫了国家主权、安全、发展利益。

（四）强外交

强外交方面主要是外交工作。党的十八大以来，中国特色大国外交全面推进，构建人类命运共同体成为引领时代潮流和人类前进方向的鲜明旗帜，我国外交在世界大变局中开创新局、在世界乱局中化危为机，我国国际影响力、感召力、塑造力显著提升。

这些辉煌成就和深刻变革，涵盖改革发展稳定、内政外交国防、治党治国治军各个领域，显然是全方位的，同时这些成就具有里程碑意义，显然是开创性的。中国共产党和中国人民以英勇顽强的奋斗向世界庄严宣告，中华民族迎来了从站起来、富起来到强起来的伟大飞跃。

历史性成就和历史性变革是辩证统一的关系，二者都是指为了实现中华民族伟大复兴，中国共产党团结带领中国人民，自信自强、守正创新，统揽伟大斗争、伟大工程、伟大事业、伟大梦想，创造的新时代中国特色社会主义的伟大成就。从一定意义上说，成就就是变革，变革就是成就。如果说二者存在一定区别，那么区别主要在于成就已经产生且多为具象化存在。变革有的已经发生、有的仍在进行。

四、深刻认识历史性成就和历史性变革产生的原因与经验

党和国家事业之所以取得历史性成就、发生历史性变革，是全党全国各族人民同心同德、团结奋斗的结果，是各级党组织和广大党员、干部敬业履职、勇于担当的结果，根本在于以习近平同志为核心的党中央的坚强领导，根本在于习近平新时代中国特色社会主义思想的科学指导。①

变革和成就来之不易，经验和启示弥足珍贵，必须倍加珍惜、长期坚持。党的十八大以来，我们党治国理政积累了许多宝贵经验，其中以下几条尤为重要。

---

① 中共中央宣传部：《习近平新时代中国特色社会主义思想学习纲要》，北京，学习出版社、人民出版社，2019。

一是始终坚持和加强党的全面领导。办好中国的事情，解决中国的问题，关键在中国共产党的坚强领导。坚持和加强党的全面领导，是党和国家的根本所在、命脉所在，是全国各族人民利益所在、幸福所在。党的十九届四中全会明确列出我国国家制度和国家治理体系具有 13 个方面显著优势，位列第一的是"坚持党的集中统一领导，坚持党的科学理论，保持政治稳定，确保国家始终沿着社会主义方向前进的显著优势"①。全会还就坚持和完善党的领导制度体系作出了安排。历史和实践表明，只有党中央有权威，才能把全党牢固凝聚起来，进而把全国各族人民紧密团结起来，形成万众一心、无坚不摧的磅礴力量。只有坚持和加强党的全面领导、继续推进全面从严治党，我们才能为实现第二个百年奋斗目标、实现中华民族伟大复兴提供坚强政治保证。

二是始终维护党中央和全党的核心。党的十八大以来，习近平总书记以深厚的人民情怀、非凡的政治智慧、坚强的意志品质、强烈的历史担当，团结带领全党全国各族人民进行具有许多新的历史特点的伟大斗争，推动改革开放和社会主义现代化建设取得新的重大成就，推动党和国家事业全面开创新局面，赢得全党全军全国各族人民高度评价和衷心爱戴，成为党中央的核心、全党的核心。对于我们这样一个有着 9600 多名党员的马克思主义大党来说，对于我们这样一个有着 14 亿多人口的社会主义大国来说，党中央有核心、全党有核心、全国各族人民有核心，至关重要。

---

① 《中国共产党第十九届中央委员会第四次全体会议文件汇编》编写组：《中国共产党第十九届中央委员会第四次全体会议文件汇编》，北京，人民出版社，2019：19-20 页。

三是始终坚持人民至上。江山就是人民、人民就是江山。中国共产党打江山、守江山，守的是人民的心。习近平总书记指出："中国共产党始终代表最广大人民根本利益，与人民休戚与共、生死相依，没有任何自己特殊的利益，从来不代表任何利益集团、任何权势团体、任何特权阶层的利益。"[①]新征程上，我们必须紧紧依靠人民创造历史，坚持全心全意为人民服务的根本宗旨，站稳人民立场，贯彻党的群众路线，尊重人民首创精神，践行以人民为中心的发展思想，发展全过程人民民主，维护社会公平正义，着力解决发展不平衡不充分问题和人民群众急难愁盼问题，推动人的全面发展、全体人民共同富裕取得更为明显的实质性进展。

四是始终坚持用党的理论创新成果武装全党指导实践。以习近平同志为主要代表的中国共产党人，坚持把马克思主义基本原理同中国具体实际相结合、同中华优秀传统文化相结合，坚持毛泽东思想、邓小平理论、"三个代表"重要思想、科学发展观，深刻总结并充分运用党成立以来的历史经验，从新的实际出发，创立了习近平新时代中国特色社会主义思想。这一思想是当代中国马克思主义、二十一世纪马克思主义，是中华文化和中国精神的时代精华，实现了马克思主义中国化新的飞跃。党确立习近平同志党中央的核心、全党的核心地位，确立习近平新时代中国特色社会主义思想的指导地位，反映了全党全军全国各族人民共同心愿，对新时代党和国家事业发展、对推进中华民族伟大复兴历史进程具有决定性意义。

---

① 习近平:《在庆祝中国共产党成立 100 周年大会上的讲话》，北京，人民出版社，2001：11-12 页。

五是始终坚持加强制度建设。道路决定命运，制度关乎兴衰。中国特色社会主义制度和国家治理体系，是以马克思主义为指导、植根中国大地、具有深厚文化根基、深得人民拥护的制度和治理体系；是具有强大生命力和巨大优越性的制度和治理体系；是能够持续推动拥有 14 亿多人口大国进步和发展、确保拥有 5000 多年文明史的中华民族实现"两个一百年"奋斗目标进而实现伟大复兴的制度和治理体系。党的十八大以来，中国之所以发生历史性变革、取得历史性成就，与党中央高度重视制度建设，下大力气抓制度建设有很大关系。我们既要坚持有着显著优势的国家制度和治理体系，更要从实际出发不断完善国家制度和国家治理体系，在坚持和完善中国特色社会主义制度的同时，推进国家治理体系和治理能力现代化，为"中国号"巨轮行稳致远提供有力的制度保障。

　　奋进新征程，建功新时代。站在新的历史起点上，只有更加紧密地团结在以习近平同志为核心的党中央周围，全面贯彻落实习近平新时代中国特色社会主义思想，我们才能进一步凝聚团结奋斗的磅礴力量，不断开辟中华民族伟大复兴的光明前景。

思考题

1. 习近平新时代中国特色社会主义思想的核心内容是什么？

2. 如何认识"两个确立"的决定性意义？

有效应对下行压力　推动经济高质量发展

张俊伟　国务院发展研究中心宏观经济研究部二级巡视员、研究员

"专精特新"引领中小企业高质量发展（来源：中国新闻图片网）

　　进入新发展阶段，受中华民族伟大复兴战略全局和世界百年未有之大变局交汇叠加新冠肺炎疫情的冲击，我国经济发展面临多重压力，出现了明显的增速下行趋势。面对错综复杂的

困难局面，我们既要正视困难，又要坚定信心。要多措并举，综合应对，积极落实"七大支柱"（宏观政策、微观政策、结构政策、科技政策、改革开放政策、区域政策、社会政策）政策框架，有效应对经济下行压力，切实推动高质量发展，为到2035年基本实现社会主义现代化奠定坚实基础。

一、当前我国经济面临多重压力

2021 年 12 月召开的中央经济工作会议明确提出："我国经济发展面临需求收缩、供给冲击、预期转弱三重压力。"这一论断准确描绘了当前我国经济发展面临的错综复杂局面。

扫一扫，获取本部分的内容讲解视频

首先，需求收缩的压力。从 2021 年下半年开始，我国消费和投资增长都呈现出明显的增长乏力、增速下滑态势。2021 年 6 月，我国社会消费品零售总额同比增速为 12.1%，而在随后的第三、四季度，其平均增速已经分别下降到了 4.2% 和 3.5%；到 2022 年 3 月，该指标甚至下降到了 -3.5%。①类似的，我国固定资产投资累计增速从 2021 年 6 月的 12.6% 下降到 12 月的 4.9%，其中，民间固定资产投资从 15.4% 下降到 7%，国有及国有控股固定资产投资从 9.6% 下降到 2.9%。如果按照季度或月份同比计算，固定资产投资增速下降的趋势则会更加明显。

其次，供给冲击的压力。一方面，受世界经济格局变动

---

① 本文统计数据，没有表明出处的，均来自国家统计局网站。

乃至乌克兰危机的影响，初级产品市场价格大幅波动，进口能源、原材料、金属制品等价格大幅上涨，直接推高上游产品价格成本。以工业生产者购进价格指数衡量，2021 年我国工业企业原材料成本上升 15%，2022 年第一季度（同比）上涨 11.3%，受此影响，工业品出厂价格（PPI）分别上涨了 11% 和 8.7%；但同期居民消费物价（以 CPI 衡量）仅上涨了 1.3% 和 1.1%。在 CPI 和 PPI 巨大的价格涨幅落差背后，是下游企业（特别是小规模制造业、批发零售企业）消化成本上涨的巨大压力。另一方面，新冠肺炎疫情的发生发展严重冲击了全球产业链，中国也不可避免受到了影响。例如，芯片供应紧张影响到汽车生产，货柜紧张、港口装卸能力不足制约到进出口贸易，汇率大幅波动增加了企业经营风险。还有部分国家限制高技术产品对华出口，也对我国部分产品的生产带来影响。

最后，预期转弱的压力。受国内需求收缩、国际经济格局变化以及不确定性增加等多重因素的影响，市场对未来经济活动的预期逐渐转弱。2021 年下半年，我国采购经理指数（PMI）呈现出持续下降的发展态势，到 2022 年 3 月、4 月更是跌破 50% 的"枯荣分水线"，下降到 48.8% 和 42.7%。分行业看，2021 年下半年，我国制造业采购经理指数持续在 50% 左右徘徊，在 9 月、10 月甚至降到了 49.6% 和 49.2%，跌入了收缩区间；2022 年 3 月、4 月，该指标再次跌入收缩区间，分别只有 49.5% 和 47.4%。受产业结构快速变动等因素的影响，我国非制造业商务活动指数通常要明显高于制造业采购经理指数。但该指数也呈现出持续下滑的发展趋势，并在 2022 年 3 月、4 月分别下降到 48.4% 和 41.9%，进入了明显的收缩区间。

上述三重压力汇聚在一起，使我国经济面临着巨大的下行压力。2021 年下半年，我国经济增速下滑趋势已经十分明显，第三、四季度国内生产总值（GDP）增速分别只有 4.9% 和 4.0%。这不仅明显低于疫情发生之前的最低经济增速（6.0%），也明显低于过去两年受疫情严重影响背景下我国经济的平均增速（5.1%）。2022 年以来，虽然政府明显加大了"稳增长"的政策力度，第一季度实现了 4.9% 的经济增速，但我国经济稳定增长的基础并不稳固。特别是进入 3 月份以来，受乌克兰危机爆发和疫情"多点散发"等因素的影响，代表最终社会需求的社会消费品零售总额指标再度掉头向下，3 月份增速甚至下降到了 -3.5%。该指标的疲弱表现充分表明："稳增长"仍然任重而道远。

二、我国经济压力背后的深层次逻辑

出现上述局面，是国内国际、经济社会多方面因素共同作用的结果。

从国内条件看，我国步入新发展阶段，面临一系列新情况新问题。 实现社会主义现代化是中国共产党人孜孜追求的发展目标。中华人民共和国成立以来，特别是改革开放以来，我国经济快速发展、人民生活持续改善，综合国力大幅提升。当前，我国已经全面建成小康社会，踏上了全面建设社会主义现代化国家的新征程。根据党的十九大提出的"分两个阶段，全面建成社会主义现代化强国"的战略安排，到 2035 年我国将基本实现社会主义现代化。进入新的发展阶段，我国的发展所面临的条件也发生了许多阶段性变化，集中表现就是社会主要矛盾已经转化为人民日益增长的美好生活需要和不平衡不充分的发展之间的矛盾。相应的，中国经济也由高速增长阶段转向了高质量发展阶段。在高速增长阶段，我国经济发展解决的主要是"有没有"的问题；而高质量发展阶段所要解决的则主要是"好不好"的问题。伴随着高质量发展阶段的来临，我国经济发展呈现出许多新的特征，如要全面体现新发展理念的内在要求，更加注重满足人民日益增长的美好生活需要，创新成为第一动力、协调成为内生特点、绿色成为普遍形态、开放成为必由之路、共享成为根本目的等。与此相对应，经济政策也发生了许多变化，如在持续推进"节能减排"的基础上明确提出"双碳"目标，即"力争 2030 年前实现碳达峰、2060 年前实现碳中和"；又如，为了防范系统性金融风险、推动实现安全发展，金融监管部门对房地产融资实施了分级分类监管。那些同时触及三条"监管红线"、潜在经营风险极高的房地产企业将被归入红档，并限制其不得新增有息债务等。

　　从国际环境看，世界正处于百年未有之大变局。与 20 世纪 80 年代相比，世界经济力量对比已经发生明显变化，突出表现就是以中国为代表的新兴经济体快速崛起。据国际货币基金组织统计，从 1985 年到 2020 年，发达经济体占世界经济的比重从 78.25% 下降到 60.53%，而新兴市场和发展中国家的占比则从 21.75% 上升到 39.47%，同时，中国经济在全世界的排名也从 1990 年的第十位上升到 2010 年的第二位。2021 年，中国经济总量（GDP）达到 114.37 万亿元，折合现价美元 17458.04 万亿，相当于美国 GDP 的 75.9%。经济格局的变化带来了世界力量的大分化、大重组，世界也由此步入了"百年未有之大变局"。其中，美国的举动尤为引人注目。为了维护其世界领导地位，美国把中国视作"最重要的战略竞争对手"，在经济科技领域推行"脱钩"、在政治上进行遏制、在军事上进行恐吓，并积极操弄地缘政治话题来围堵中国。"中美贸易战""将中国高科技企业列入实体清单"都是在上述背景下发生的。乌克兰危机的爆发，美国更通过迫使各国表态、选边站队进一步加快了世界格局调整的步伐。中国是一个自然资源相对匮乏的国家，在国际分工中处于产业链中游位置，需要大量进口基础原材料、核心零部件乃至大量的设计操作系统。国际格局的上述变化，自然会给高度依赖国际市场的中国经济带来严重影响。

而新冠疫情的发生，加速了国内国际"两个大局"的演进历程。面对百年一遇的疫情冲击，中国政府坚持人民至上、生命至上，发挥新型举国体制优势，在较短的时间内控制住了疫情，经济运行、社会生活、人民健康都得到较好保障；反观一些西方国家，疫情反复暴发导致数度"封城""封国"，甚至不得已采取"群体免疫"策略。在新冠肺炎疫情的影响下，上述国家正常的生产、生活秩序受到严重干扰，经济增长也受到严重拖累。2020年，二十国集团（G20）中只有中国实现了经济正增长。在百年一遇的疫情冲击下，不同政治体制的治理效能一目了然，世界经济政治格局演进的步伐因此明显加快。即便如此，我们也要看到新冠肺炎疫情对中国经济运行的严重冲击。为了防控疫情，人们限制聚集性活动，给企业生产带来严重影响；限制社交活动，给旅游、餐饮、展会等行业带来严重冲击；而这种冲击借助高度发达的分工网络迅速扩散开来，又产生一系列次生性影响。

正是在上述因素的相互作用下，我国经济在从应对新冠肺炎疫情的"紧急状态"回归常态的过程中遭遇了多重下行压力。

三、坚定对我国经济发展前景的信心

面对错综复杂的经济局面，我们应该清醒地认识到：当前我国经济长期向好的基本面并没有改变，我国完全有能力在2035年完成基本实现社会主义现代化的发展目标。

（一）中国共产党的坚强领导为克服困难奠定了基础

中国是中国共产党领导的社会主义国家，党是领导我国各项事业的核心力量。党的十八大以来，以习近平同志为核心的党中央坚持和加强党的全面领导，持续推进党的自我革命，使党中央权威和集中统一领导得到有力保证，党的领导制度体系不断完善，党的领导方式更加科学，全党思想上更加统一、政治上更加团结，行动上更加一致，党的政治领导力、思想引领力、群众组织力、社会号召力显著增强。在带领全国各族人民进行社会主义现代化建设的过程中，习近平总书记提出了一系列新理念新思想新战略。习近平新时代中国特色社会主义思想系统回答了在新时代坚持和发展什么样的中国特色社会主义、怎样坚持和发展中国特色社会主义，建设什么样的社会主义现代化强国、怎样建设社会主义现代化强国，建设什么样的长期执政的马克思主义政党、怎样建设长期执政的马克思主义政党等一系列重大时代课题，实现了马克思主义中国化新的飞跃。

党确立习近平同志党中央的核心、全党的核心地位，确立习近平新时代中国特色社会主义思想的指导地位，反映了全党全军全国各族人民的共同心愿。有了众望所归的领袖、有了强有力的党组织、有了科学理论的指导，中国就有了克服一切困难的基础，就有了赢得最终胜利的坚强保障。

（二）中国已经走出了中国式现代化道路，前进道路不可阻挡

中华人民共和国成立以来，中国仅用了几十年时间就走完了发达国家几百年走过的工业化历程，创造了经济快速发展和社会长期稳定两大奇迹。回顾不平凡的发展历程，从"以阶级斗争为纲"到"以经济建设为中心"，从"有计划的商品经济"到"社会主义市场经济体制"再到"高水平社会主义市场经济体制"，从"四个现代化"到经济、政治、文化"三位一体"再到经济、政治、文化、社会、生态文明"五位一体"，从"科学发展观"到"新发展理念"，从"社会主义初级阶段"到"中国特色社会主义进入了新时代"……伴随着经济社会的快速发展，我们对社会主义现代化建设规律的认识日趋深入。在坚持和发展中国特色社会主义，推动物质文明、政治文明、精神文明、社会文明、生态文明协调发展的过程中，我国走出了中国式现代化道路。正像习近平总书记指出的那样，中国式现代化是人口规模巨大的现代化，是全体人民共同富裕的现代化，是物质文明和精神文明相协调的现代化，是人与自然和谐共生的现代化，是走和平发展道路的现代化。

根据党的十九大提出的"分两个阶段，全面建成社会主义

现代化强国"的战略安排，党的十九届五中全会立足新的发展阶段，深刻分析我国发展环境面临的深刻变化，进一步勾画了我国基本实现社会主义现代化的远景目标，明确了"十四五"时期我国经济社会发展的指导思想、总体目标和工作原则，并就坚持创新驱动发展，全面塑造发展新优势；加快发展现代产业体系、推动经济体系优化升级；形成强大国内市场，构建新发展格局；全面深化改革，构建高水平社会主义市场经济体制；优先发展农业农村，全面推进乡村振兴；改善人民生活品质，提高社会建设水平等做出全面部署。可以说，未来一段时间我国经济社会发展的蓝图已经绘就，前进道路也已经指明，实现中华民族伟大复兴已经进入了不可逆转的历史进程。

（三）中国经济动力转换取得显著成效，新增长动力强劲

在过去很长一段时间里，中国经济增长呈现出典型的"投资拉动"特征。上述增长模式在一定程度上契合了工业化中期发展阶段的内在需要，具有一定的合理性，但也带来了增长方式粗放、经济结构失衡、产能严重过剩等问题。党的十八大以来，党中央认识新常态、适应新常态、引领新常态，积极推动经济增长由要素驱动、投资驱动向创新驱动转变，加快建设创新型国家。

党的十八大以来，我国实施了《中国制造2025》，出台系列政策支持"互联网＋"、人工智能、新型基础设施发展；深入推进科技体制改革，激发科研人员的积极性；深化"放管服"改革，为创新创业活动创造良好外部环境。到2020年，

我国人口增长速度虽然已经明显放缓，但劳动年龄人口仍高达8.8亿，人口红利仍然存在。不仅如此，由于高度重视教育和科技事业的发展，我国高素质人才数量持续增加，科技研发投入呈快速增长态势。到2021年，我国研发经费投入占GDP比重已经达到2.44%，全社会研究与试验发展人员全时当量、专利申请数量已连续多年位居世界首位，国家创新能力综合排名位居世界第十二位，我国在量子计算、人工智能、航空航天等领域已跻身世界"第一梯队"。在推动增长动力转换、建设创新型国家方面，我国已取得明显成效。

（四）中国经济韧性强，回旋余地大

中国有14亿多人口，人均GDP以美元计算已经超过1.2万美元，中国是一个庞大的、快速增长的市场。庞大的市场规模为国内经济大循环和经济稳定运行奠定了稳固的基本盘，并构成了中国对全球要素的强大吸引力、在激烈国际竞争中的强大竞争力和在全球资源配置中的强大推动力。

从需求角度看，中国的工业化和城市化尚未完成。在汽车等大件消费品拥有率、城市化率、制造业信息化水平、尖端产品制造和技术研发等方面，我国和发达国家还存在不小差距，拥有广阔的发展空间。从供给角度看，我国制造业规模稳居世界第一，有220多种主要工业品产量位居世界首位；我国的产业体系十分完整，拥有联合国产业分类所列全部工业门类。巨大的增长空间、完整而有竞争力的制造业体系，使中国经济拥有有效抵御外部冲击的强大韧性。此外，我国基础设施条件优秀，高素质人才供应充分，社会资金总体充裕，在面对外部冲

击时能够根据市场信号做出快速反应，这也增强了我国抵御外部冲击的能力。

（五）在稳增长、稳就业方面，还有较大政策空间

面对经济下行压力，党和政府已经做出了反应。2021年12月，中央经济工作会议明确提出，"要继续实施积极的财政政策和稳健的货币政策"。根据中央经济工作会议的要求，国务院出台了一系列稳经济、稳就业措施，对于遏制经济增速下滑势头，推动2022年第一季度经济反弹发挥了积极作用。目前，我国通货膨胀率处在较低水平，财政赤字率和政府负债率也处于合理空间，居民杠杆率相对稳定。在稳增长、稳就业方面，财政政策、货币政策都还有较大的政策空间和回旋余地。

四、多措并举，推动经济高质量发展

扫一扫，获取本部分的内容讲解视频

当前我国经济发展面临的三重压力，是多种因素共同作用的结果。相应地，要摆脱经济下行压力、推动实现高质量发展，也必须多措并举、综合施治。面对上述错综复杂的局面，2021年12月召开的中央经济工作会议，确立了"稳字当头、稳中求进"的工作方针，并提出了包含"七大支柱"的政策框架，即宏观政策要稳健有效，微观政策要持续激发市场主体活力，结构政策要着力畅通国民经济循环，科技政策要扎实落地，改革开放政策要激发发展活力，区域政策要增强发展的平衡性协调性，社会政策要兜住兜牢民生底线。十三届全国人

大五次会议审议通过的《政府工作报告》又对上述政策做了细化，并就做好 2022 年的经济工作提出了明确要求。综上所述，落实党中央、国务院的工作部署，需要把握好如下几点要求。

（一）加大逆周期调节力度，稳定经济运行大盘

根据中央经济工作会议精神，国务院明确 2022 年我国经济预期增长目标为 5.5% 左右。5.5% 是在高基数基础上的中高速增长。确立 5.5% 的增长目标，考虑了稳就业、保民生、防风险的需要，并与近两年平均经济增速和"十四五"规划目标要求相衔接，同时也反映了党和政府保持经济稳定运行的坚定信心和强大决心。

在财政政策方面，2022 年《政府工作报告》明确提出，将 2022 年我国的赤字率确定为 2.8%，使全国一般公共预算支出较 2021 年增长 8.4%。同时，实施新的组合式税费支持政策，一方面延续实施扶持制造业、小微企业和个体工商户的减税降费政策，并提高减免幅度、扩大适用范围；另一方面改革增值税先缴后退的留抵退税制度，对留抵税额提前实行大规模退税。预计全年退税、减税总额高达 2.5 万亿元左右。

在货币政策方面，一方面扩大新增贷款规模，保持货币供应量、社会融资规模增速与名义经济增速基本匹配；另一方面进一步疏通货币政策传导机制，增加金融支持实体经济发展的力度。例如，推动普惠小微贷款明显增长、信用贷款和首贷户比重继续提升；引导金融机构继续对受疫情影响严重的行业企业给予融资支持；扩大政府性融资担保对小微企业的覆盖面；进一步推动金融机构降低实际贷款利率等。

在就业政策方面，强化就业优先政策体系，强调注重通过稳市场主体来稳就业，增强创业对就业的带动作用。2022年要延续执行降低失业和工伤保险费率等阶段性稳就业政策，对不裁员、少裁员的企业继续实施失业保险稳岗返还政策，明显提高中小微企业返还比例，继续开展大规模职业技能培训，等等。

（二）坚持扩大内需，挖掘经济内生增长动力

挖掘经济内生增长动力，需要加强需求侧管理，充分发挥需求对供给的牵引作用。我们要顺应居民消费升级的趋势，促进消费向绿色健康安全发展；要聚焦重点领域，消除阻碍汽车、住房消费健康发展的障碍；要全面落实带薪休假制度，发展假日经济；要顺应老龄化发展趋势，发展银发经济。在投资领域，要加强产权保护，激发民营企业家的投资积极性；要聚焦新型城市化、农村振兴、新基建，更好发挥政府投资职能；要进一步发挥政府产业引导基金的作用，引导民间资本更积极地参与投资。

挖掘经济内生增长动力，也需要加快构建现代产业体系，由供给创造需求。加快产业结构升级步伐，以更加精细的社会分工、更高质量的产品供给创造和引领市场需求、拓展经济发展的空间，是近年来我国实施供给侧结构性改革的重要经验。当前，无论是对GDP的贡献、还是吸纳就业人口占比，第三产业都已经占据"半壁江山"。今后无论是稳增长还是稳就业，我们都必须把第三产业作为主战场。像金融、铁路、航空、电信、传媒出版、信息咨询等行业，大多是国有单位占主导、政

府严格监管的领域。应当加快政府职能转变的步伐，在有效防范市场风险、确保国家利益的前提下大幅放开市场准入，通过引入更多的"鲶鱼"充分激发第三产业发展的潜力。要坚持走新型工业化道路，加快第二产业特别是制造业产业升级的步伐。我们要抓住信息革命的浪潮，大力发展数字产业和新兴战略性产业；要深入实施"互联网＋"战略，推动数字技术与传统产业深度融合；要实施制造业核心竞争力提升行动，显著缩小我国制造业与国际先进水平的差距。此外，我们还要加快对传统农业的改造，加快推进农业生产的现代化。

（三）深入实施创新驱动发展战略，推动科技自立自强

实施创新驱动战略、推动科技自立自强，既是适应我国进入高质量发展阶段，推动增长动力转换的需要；也是直面"世界百年未有之大变局"，破解核心技术和关键零部件"卡脖子"的需要。对于实施创新驱动发展战略，党和政府已经做了很多探索，也取得了显著成就。今后一段时期，面对新形势、新挑战，需要深入实施基础研究十年规划，稳定增加对基础研究的支持力度；需要深入实施科技体制改革三年攻坚方案，进一步强化国家战略科技力量；需要加强国家实验室和全国重点实验室建设，更好地发挥好高校和科研院所的作用；需要深化科技评价激励制度改革，进一步调动科研人员的积极性；需要支持各地加大科技投入，开展各具特色的区域创新。

全球经济格局的快速调整改变了中国参与国际分工的外部环境，使企业竞争逐渐让位于产业链竞争。在产业链分工体系中，大企业是产品服务的提供者，是产品标准的制定者，也是

重要零部件和产品组件的系统集成者；在产品升级换代的过程中，大企业明确全产业链技术进步的路线图、协调产品研发的节奏，是整条产业链技术进步的龙头。在新的竞争模式下，需要进一步明确企业的创新主体地位；需要充分发挥龙头企业的引领作用，同时推动"专精特新"中小企业更快发展；需要鼓励大企业间开展战略合作，发挥企业联盟在推动重大技术创新中的作用；需要加快构建产—学—研—官良性互动的产业创新生态，提高全社会创新效率。

（四）深化改革开放，畅通经济大循环

现代经济体系是高度分化、彼此连接的复杂网络。上下游衔接是否紧密，横向交流与合作是否顺畅，关键节点作用发挥是否充分，直接关系到经济体系的整体运行效率。在新发展阶段，无论是建设国内大市场、构建新发展格局，还是把新冠肺炎疫情冲击降到最低，都要求我们聚焦经济循环的堵点和断点深化改革开放。

首先，要完善社会主义市场经济体制，畅通经济循环。要以完善产权制度和要素市场化配置为重点深化经济体制改革，推动实现产权有效激励、要素自由流动、价格反应灵活、竞争公平有序、企业优胜劣汰，充分激发经济内在活力，持续优化生产要素配置，提高资源配置总体效率。

其次，要推动发展成果共享，激活生产消费循环。实现共同富裕不仅是经济问题，而且是关系到党的执政基础的政治问题。我们不仅要努力发展生产、"把蛋糕做大"，还要努力"把蛋糕分好"、推动发展成果共享。为此，需要完善企业制度，

提高职工地位；需要完善就业优先的政策体系，以高质量就业带动居民收入增加；需要完善国民收入再分配，增加公共服务供给；需要鼓励发展公益慈善事业，大力弘扬"扶危济困"的传统美德。

最后，要破除流通壁垒，打通供需循环。从畅通国内循环的角度看，要加快建设现代物流体系，消除地区性市场壁垒，使供需双方高效对接起来。特别需要指出的是，当前新冠肺炎疫情多点散发，各地防疫压力很大。各地区要深刻、完整、全面把握党中央的疫情防控方针政策，科学防疫、动态清零，坚决杜绝政策层层加码、随意阻断人员和物资流通现象的发生。从畅通国际循环的角度看，我们不仅要推动要素流动型开放，推动商品、服务、资金、人才流动；还要推动制度型开放，通过统一规则规制、管理流程、技术标准降低商品、要素跨境流动的门槛。

（五）统筹发展和安全，有效防范化解各类风险挑战

"两个大局"交汇叠加"世纪疫情"的复杂局面，使各种可以预见和难以预见的风险因素明显增多。只有牢固树立底线思维，把困难估计得更充分一些，把风险思考得更深入一些，下好先手棋、打好主动仗，有效防范化解各类风险挑战，才能为社会主义现代化事业顺利推进创造有利条件。

党的十九届五中全会高度重视防范化解重大风险挑战，明确提出要"把安全发展贯穿国家发展各领域和全过程，防范和化解影响我国现代化进程的各种风险"。今后一段时期，需要在一系列经济领域做好风险防范化解工作。例如，在宏观经济

管理领域，要完善宏观经济调控，把逆周期调节和跨周期调节结合起来，防止经济运行大起大落。当前，特别要稳住经济运行基本盘，防止经济增长失速；在资本市场上，要加强对热钱，特别是海外游资的监控，防止热钱大进大出、外资大进大出，导致金融市场大幅波动，相互传染并外溢、影响到实体经济运行；在房地产领域，要坚持"房住不炒"的定位，加强和完善房地产市场调控。要加强房地产市场金融监管，有效防范房地产市场金融风险；在初级产品领域，要采取切实措施，确保能源、原材料、粮食等产品的可靠供给，切实把中国人的饭碗端在自己手里。平台经济的快速崛起，是信息时代的一个新现象。在平台经济发展过程中，出现了网络平台滥用市场地位侵害合作企业、用户合法利益，危害公民和国家信息安全等现象，需要加强对平台经济的市场监管以更好地维护公众利益。

思考题

1. 当前我国经济发展面临哪些方面的压力？
2. 新时代如何推动我国经济高质量发展？

专题三

学习习近平法治思想　全面推进依法治国

何民捷　人民日报社理论部高级编辑

中共中央宣传部举行党的十八大以来政法改革举措与成效发布会
（来源：中国新闻图片网）

　　法治是国家治理体系和治理能力的重要依托。全面推进依法治国是关系我们党执政兴国、关系人民幸福安康、关系党和国家长治久安的重大战略问题，是完善和发展中国特色社会主义制度、推进国家治理体系和治理能力现代化的重要方面。党的十八大以来，习近平总书记从坚持和发展中国特色社会主义全局和战略高度定位法治、布局法治、厉行法治，创造性提出全面依法治国新理念新思想新战略，科学阐述了新时代法治中国建设一系列根本性、方向性、战略性问题，形成了习近平法治思想，为全面依法治国提供根本遵循和行动指南。

一、法治是治国理政的基本方式

中国共产党历来重视法治建设。近代中国曾沦为半封建半殖民地社会，面临深重民族危机。为了救亡图存，一些有识之士呼吁法治。不过不论是戊戌变法、清末修律，还是学习西方的君主立宪制、总统制，在当时的历史条件下，都没能挽救民族危亡，更不要说建成法治国家了。

新民主主义革命时期，我们党领导人民进行了立法司法方面的探索。在根据地制定了宪法性文件、劳动法、土地法等，设立了立法、行政、司法机关。中华人民共和国成立后，在社会主义革命、社会主义建设时期，我们党领导人民制定"五四宪法"，制定选举法、婚姻法等一系列重要法律法规，为社会主义国家建立起比较完整的立法、行政、司法体系。

进入改革开放和社会主义现代化建设新时期后，中国的法治发展也驶入快车道。党的十一届三中全会强调"为了保障人民民主，必须加强社会主义法制，使民主制度化、法律化，使这种制度和法律具有稳定性、连续性和极大的权威，做到有法可依，有法必依，执法必严，违法必究"。[①] "八二宪法"的制

---

① 《中国共产党第十一届中央委员会第三次全体会议公报》，载《人民日报》，1978-12-24（1）。

定，为改革开放和社会主义现代化建设提供了有力法治保障。党的十五大将"依法治国"确定为党领导人民治理国家的基本方略，将"建设社会主义法治国家"作为社会主义现代化建设的重要目标。九届全国人大二次会议将依法治国基本方略载入宪法。十一届全国人大四次会议宣布中国特色社会主义法律体系已经形成。

党的十八大以来，以习近平同志为核心的党中央从确保党和国家长治久安的战略高度，对法治中国建设进行顶层设计，就推进全面依法治国作出了一系列重大决策，开启了加快建设法治中国的历史进程。

党的十八大明确提出，要加快建设社会主义法治国家，全面推进依法治国。2013年，党的十八届三中全会通过的《中共中央关于全面深化改革若干重大问题的决定》，将"完善和发展中国特色社会主义制度、推进国家治理体系和治理能力现代化"确定为全面深化改革的总目标。2014年，党的十八届四中全会专题研究全面依法治国问题，审议通过了《中共中央关于全面推进依法治国若干重大问题的决定》，围绕建设中国特色社会主义法治体系、建设社会主义法治国家的全面推进依法治国总目标，推出了180多项法治领域的重大改革举措，对全面推进依法治国做了全面部署。习近平总书记指出："党的十八届三中、四中全会分别把全面深化改革、全面推进依法治国作为主题并作出决定，有其紧密的内在逻辑，可以说是一个总体战略部署在时间轴上的顺序展开。"①

党的十九大将"坚持全面依法治国"确立为新时代坚持和

---

① 中共中央文献研究室:《习近平关于全面依法治国论述摘编》，北京，中央文献出版社，2015：13页。

发展中国特色社会主义基本方略，提出成立中央全面依法治国领导小组，加强对法治中国建设的统一领导。党的十九届四中全会从坚持和完善中国特色社会主义制度、推进国家治理体系和治理能力现代化的战略高度，对坚持和完善中国特色社会主义法治体系，提高党依法治国、依法执政能力做出部署。党的十九届五中全会在制定"十四五"规划和 2035 年远景目标建议时，再次就全面依法治国做出部署。

历史是最好的教科书。我们党建设社会主义法治国家的历程证明，法治兴则国家兴，法治衰则国家乱。习近平总书记强调："我们党在这样一个大国执政，要保证国家统一、法制统一、政令统一、市场统一，要实现经济发展、政治清明、文化昌盛、社会公正、生态良好，都需要秉持法律这个准绳、用好法治这个方式。"①

二、习近平法治思想的确立及重大意义

扫一扫，获取本部分的内容讲解视频

时代是思想之母，实践是理论之源。以习近平同志为核心的党中央在领导全面依法治国、建设法治中国的伟大实践中，从历史和现实相贯通、国际和国内相关联、理论和实际相结合上，深刻回答了新时代为什么实行全面依法治国、怎样实行全面依法治国等一系列重大问题，提出了一系列全面依法治国新理念新思想新战略，创立了习近平法治思想。

2020 年 11 月召开的中央全面依法治国工作会议上，我们

① 中共中央文献研究室:《习近平关于全面依法治国论述摘编》，北京，中央文献出版社，2015：9 页。

党正式提出习近平法治思想。习近平法治思想凝聚着中国共产党人在法治建设长期探索中形成的宝贵经验和智慧结晶，是一个内涵丰富、论述深刻、逻辑严密、系统完备、博大精深的法治思想理论体系。

（一）习近平法治思想的理论意义

中国特色社会主义进入新时代，习近平法治思想应运而生，为深入推进全面依法治国、加快建设社会主义法治国家，提供了科学的理论指导。

习近平法治思想是马克思主义法治理论中国化的最新成果。习近平法治思想坚持马克思主义的立场观点方法，科学把握政治与法治、改革与法治、自由与秩序、安全与发展、依法治国与依规治党、依法治国与以德治国、国内法治和涉外法治等全面依法治国中的重大关系，为推进全面依法治国指明了正确方向。正是基于对法治建设规律的深刻把握，习近平总书记指出："综观世界近现代史，凡是顺利实现现代化的国家，没有一个不是较好解决了法治和人治问题的。相反，一些国家虽然也一度实现快速发展，但并没有顺利迈进现代化的门槛，而是陷入这样或那样的'陷阱'，出现经济社会发展停滞甚至倒退的局面。后一种情况很大程度上与法治不彰有关。"① 习近平法治思想明确"在'四个全面'中，全面依法治国具有基础性、保障性作用"，精辟论述了全面依法治国的重要地位，创造性地提出了全面依法治国是国家治理的一场深刻革命的科学命题，极大丰富和发展了马克思主义法治理论，为马克思主义

---

① 中共中央文献研究室：《习近平关于全面依法治国论述摘编》，北京，中央文献出版社，2015：12 页。

法治理论发展做出原创性贡献。

习近平法治思想是习近平新时代中国特色社会主义思想的重要组成部分。习近平法治思想是顺应实现中华民族伟大复兴时代要求应运而生的重大理论创新成果，是中国特色社会主义法治理论的重大创新发展，是习近平新时代中国特色社会主义思想的重要组成部分，是新时代全面依法治国的根本遵循和行动指南。栗战书委员长指出："习近平法治思想凝聚着中国共产党人在法治建设长期探索中形成的经验积累和智慧结晶，标志着我们党对共产党执政规律、社会主义建设规律、人类社会发展规律的认识达到了新高度，开辟了21世纪马克思主义法治理论和实践的新境界。"[①]习近平法治思想为新时代为什么实行全面依法治国、怎样实行全面依法治国等一系列重大问题提供了理论指引，为党领导人民建设法治国家提供了基本遵循。

（二）习近平法治思想的实践意义

习近平法治思想深刻论述了全面依法治国的根本遵循、战略布局、重点任务、重要保障等，是全面依法治国的行动指南和根本遵循。

习近平法治思想指明了全面依法治国的政治方向。政治方向决定依法治国的成败。只有始终坚定不移地走中国特色社会主义法治道路，坚持党对全面依法治国的领导，坚持以人民为中心，才能确保全面依法治国沿着正确的政治方向有序、有效推进，如期建成法治强国。

[①] 栗战书：《习近平法治思想是全面依法治国的根本遵循和行动指南》，载《求是》，2021（2）。

习近平法治思想明确了全面依法治国的顶层设计。习近平总书记准确把握新时代发展和实践要求，对全面依法治国进行顶层设计和总体安排。提出坚持建设中国特色社会主义法治体系，坚持依法治国、依法执政、依法行政共同推进，法治国家、法治政府、法治社会一体建设，实现科学立法、严格执法、公正司法、全民守法。

习近平法治思想明确了全面推进依法治国的总抓手。全面推进依法治国涉及很多方面，工作千头万绪。要使全面推进依法治国各项工作高效组织、有序展开，必须有一个总揽全局、牵引各方的总抓手。这个总抓手就是建设中国特色社会主义法治体系。建设中国特色社会主义法治体系是我们党提出的具有原创性、时代性的概念。

在习近平法治思想科学指引下，我们围绕全面推进依法治国总目标，统筹推进法治领域改革，推动我国社会主义法治建设取得历史性成就、发生历史性变革。截至 2022 年 4 月底，我国现行有效法律 292 件，行政法规 605 件，地方性法规 1.2 万余件 [①]。民法典作为新中国第一部以法典命名的法律，开创了我国法典编纂立法的先河。法治政府建设再上新台阶，深化以司法责任制为重点的司法体制改革深入推进，"中国之治"的法治基石更加巩固。

（三）习近平法治思想的世界意义

习近平总书记多次指出："人类历史上没有一个民族、一个国家可以通过依赖外部力量、照搬外国模式、跟在他人后面

---

① 司法部全面依法治国研究中心：《法治中国建设迈出坚实步伐》，载《人民日报》，2022-6-24（10）。

亦步亦趋实现强大和振兴。"①法治建设也是如此。独立自主探索适合我国国情的法治道路，是我们党领导人民进行法治建设的一条重要经验。正是在这一点上，习近平法治思想为人类政治文明进步贡献了中国智慧，为世界各国特别是发展中国家走适合自己国情的法治道路提供了有益借鉴。

同时，习近平法治思想站在世界历史和全球发展的高度，深刻把握人类政治文明发展趋势，创造性地提出运用法治和制度规则协调各国关系和利益、坚定维护国际法基本原则和国际关系基本准则、推进全球治理体系朝着更加公平合理的方向发展等一系列重大理论观点，为构建人类命运共同体、推进全球治理体系变革贡献了中国方案，为人类法治文明进步贡献了中国力量。

三、习近平法治思想的内容和特色

扫一扫，获取本部分的内容讲解视频

习近平法治思想是一个内涵丰富、论述深刻、逻辑严密、系统完备的理论体系。习近平总书记用"十一个坚持"进行了阐释，深刻回答了事关全面依法治国理论和实践的方向性、根本性、全局性重大问题。

（一）习近平法治思想的"十一个坚持"

1. 坚持党对全面依法治国的领导

党政军民学、东西南北中，党是领导一切的。中国共产党

---

① 《中共中央关于党的百年奋斗重大成就和历史经验的决议》，载《人民日报》，2021-11-17（1）。

的领导是中国特色社会主义最本质的特征，是中国特色社会主义制度的最大优势，是中国特色社会主义法治最根本的保证，是中国特色社会主义法治之魂。党的领导与社会主义法治是一致的，社会主义法治必须坚持党的领导，党的领导必须依靠社会主义法治。全面依法治国绝不是要削弱党的领导，而是要加强和改善党的领导，推进党的领导制度化、法治化，不断提高党领导依法治国的能力和水平，巩固党的执政地位。必须坚决破除"党大还是法大"的伪命题，把党的领导贯彻到全面依法治国全过程和各方面，具体落实到党领导立法、保证执法、支持司法、带头守法的各环节。

2. 坚持以人民为中心

人民是国家的主人，是依法治国的主体。全面依法治国最广泛、最深厚的基础是人民，社会主义法治建设必须为了人民、依靠人民、造福人民、保护人民。习近平总书记指出："推进全面依法治国，根本目的是依法保障人民权益。要积极回应人民群众新要求新期待，系统研究谋划和解决法治领域人民群众反映强烈的突出问题，不断增强人民群众获得感、幸福感、安全感，用法治保障人民安居乐业。"[1]

要依法保障全体公民享有广泛的权利，保证人民在党的领导下，依照宪法和法律规定，通过各种途径和形式管理国家事务、管理经济文化事业、管理社会事务。把体现人民利益、反映人民愿望、维护人民权益、增进人民福祉落实到依法治国各领域全过程，使法律及其实施充分体现人民意志。

---

[1] 《习近平在中央全面依法治国工作会议上强调 坚定不移走中国特色社会主义法治道路 为全面建设社会主义现代化国家提供有力法治保障》，载《人民日报》，2020-11-18（1）。

3．坚持中国特色社会主义法治道路

道路决定命运，道路决定前途。全面推进依法治国，必须走对路。中国特色社会主义法治道路，本质上是中国特色社会主义道路在法治领域的具体体现，是建设社会主义法治国家的唯一正确道路。我们既不走封闭僵化的老路，也不走改旗易帜的邪路，而是从中国国情和实际出发，走适合自己的法治道路。我们要学习借鉴人类法治文明的有益成果，但决不能照搬别国模式和做法，决不能走西方"宪政""三权鼎立""司法独立"的路子。

4．坚持依宪治国、依宪执政

习近平总书记指出："宪法是国家的根本法，坚持依法治国首先要坚持依宪治国，坚持依法执政首先要坚持依宪执政。"①通过宪法法律确认和巩固国家根本制度、基本制度、重要制度，并运用国家强制力保证实施，保障了国家治理体系的系统性、规范性、协调性、稳定性。要坚持宪法确定的中国共产党领导地位不动摇，坚持宪法确定的人民民主专政的国体和人民代表大会制度的政体不动摇，加强宪法实施和监督，推进合宪性审查工作，维护宪法权威，维护国家法治统一。

5．坚持在法治轨道上推进国家治理体系和治理能力现代化

法治是国家治理体系和治理能力的重要依托，全面依法治国是国家治理的一场深刻革命。实现国家治理现代化，必须推进国家治理制度化、程序化、法治化，充分实现国家和社会治理有法可依、有法必依、执法必严、违法必究。习近平总书记

---

① 习近平：《在庆祝全国人民代表大会成立60周年大会上的讲话》，载《人民日报》，2014-09-06（2）。

指出:"在统筹推进伟大斗争、伟大工程、伟大事业、伟大梦想的实践中,在全面建设社会主义现代化国家新征程上,我们要更加重视法治、厉行法治,更好发挥法治固根本、稳预期、利长远的重要作用,坚持依法应对重大挑战、抵御重大风险、克服重大阻力、解决重大矛盾。"① 我们要坚持运用法治思维和法治方式深化改革、推动发展、化解矛盾、维护稳定、应对风险,提升法治促进国家治理体系和治理能力现代化的效能。

6. 坚持建设中国特色社会主义法治体系

坚持建设中国特色社会主义法治体系,是全面推进依法治国的总抓手。习近平总书记指出:"全面推进依法治国涉及很多方面,在实际工作中必须有一个总揽全局、牵引各方的总抓手,这个总抓手就是建设中国特色社会主义法治体系。依法治国各项工作都要围绕这个总抓手来谋划、来推进。"② 必须抓住这个总抓手,努力形成完备的法律规范体系、高效的法治实施体系、严密的法治监督体系、有力的法治保障体系,形成完善的党内法规体系。中国特色社会主义法治体系贯穿法治国家、法治政府、法治社会建设各个领域,涵盖立法、执法、司法、守法各个环节,涉及法律规范、法治实施、法治监督、法治保障、党内法规各个方面。抓住建设中国特色社会主义法治体系这个总抓手,才能做到总揽全局、牵引各方,在整体推进中实现重点突破。

---

① 《习近平在中央全面依法治国工作会议上强调 坚定不移走中国特色社会主义法治道路 为全面建设社会主义现代化国家提供有力法治保障》,载《人民日报》,2020-11-18(1)。

② 习近平:《关于〈中共中央关于全面推进依法治国若干重大问题的决定〉的说明》,载《人民日报》,2014-10-29(2)。

7. 坚持依法治国、依法执政、依法行政共同推进，法治国家、法治政府、法治社会一体建设

全面依法治国是一个系统工程，必须统筹兼顾、把握重点、整体谋划，更加注重系统性、整体性、协同性，这样才能有力加以推进。依法治国、依法执政、依法行政是一个有机整体，关键在于党要坚持依法执政、各级政府要坚持依法行政。法治国家、法治政府、法治社会三者各有侧重、相辅相成，法治国家是法治建设的目标，法治政府是建设法治国家的重点，法治社会是构筑法治国家的基础。

8. 坚持全面推进科学立法、严格执法、公正司法、全民守法

科学立法、严格执法、公正司法、全民守法，是新时代法治建设的"十六字"方针。在全面推进依法治国的工作格局中，科学立法是前提条件，严格执法是关键环节，公正司法是重要保障，全民守法是基础工程。开启全面依法治国新征程，要完善中国特色社会主义法律体系，加强重点领域、新兴领域、涉外领域立法，提高依法行政水平，促进司法公正，有效发挥法治固根本、稳预期、利长远的保障作用。同时，全面推进依法治国需要全社会共同参与，必须深入开展法治宣传教育，在全社会弘扬社会主义法治精神，建设社会主义法治文化。

9. 坚持统筹推进国内法治和涉外法治

坚持统筹推进国内法治和涉外法治，是建设法治强国的必然要求。面对世界百年未有之大变局，必须统筹推进国内法治发展和涉外法治建设，加快涉外法治工作战略布局，更好维护国家主权、安全、发展利益。习近平总书记强调："中国走向世界，以负责任大国参与国际事务，必须善于运用法治。在对外斗争中，我们要拿起法律武器，占领法治制高点，敢于向破坏者、搅局者说不。全球治理体系正处于调整变革的关键时期，我们要积极参与国际规则制定，做全球治理变革进程的参与者、推动者、引领者。"① 我们要坚定维护以联合国宪章宗旨和原则为核心的国际秩序和国际体系，积极参与国际规则制定，推动全球治理变革，推动构建人类命运共同体。

10.坚持建设德才兼备的高素质法治工作队伍

习近平总书记强调："要加强理想信念教育，深入开展社会主义核心价值观和社会主义法治理念教育，推进法治专门队伍革命化、正规化、专业化、职业化，确保做到忠于党、忠于国家、忠于人民、忠于法律。"② 全面推进依法治国，必须着力推进法治专门队伍革命化、正规化、专业化、职业化，提高职业素养和专业水平。按照政治过硬、业务过硬、责任过硬、纪律过硬、作风过硬的要求，努力建设一支信念坚定、执法为民、敢于担当、清正廉洁的政法队伍。

11.坚持抓住领导干部这个"关键少数"

党的领导能不能在全面依法治国实践中得到具体落实，领导干部是关键。领导干部的法治思维与依法办事能力如何，影响着全面依法治国的进程。全面推进依法治国必须抓住领导干部这个"关键少数"，不断提高他们运用法治思维和法治方式

---

① 习近平:《论坚持全面依法治国》，北京，中央文献出版社，2020：225 页。

② 《习近平在中央全面依法治国工作会议上强调 坚定不移走中国特色社会主义法治道路 为全面建设社会主义现代化国家提供有力法治保障》，载《人民日报》，2020-11-18（1）。

深化改革、推动发展、化解矛盾、维护稳定的能力，让他们做尊法、学法、守法、用法的模范。要坚持依法治权，用宪法和法律法规设定权力、规范权力、制约权力、监督权力，把权力关进法律和制度的笼子里。

（二）习近平法治思想的鲜明特色

1. 科学性

习近平法治思想推动中国特色社会主义法治理论和实践实现新飞跃，标志着我们党对社会主义法治建设和人类法治文明发展的规律性认识达到新高度。习近平法治思想运用马克思主义基本原理和科学方法，深刻揭示了社会主义法治建设规律，坚持运用辩证唯物主义和历史唯物主义世界观、方法论，观察法治历史、引领法治建设，提出一系列新理念新思想新战略。习近平法治思想在话语上自成一体，在逻辑上有机衔接，闪耀着真理的光芒，为在中国这样一个有着 14 亿多人口的发展中大国推进全面依法治国提供了科学指引和精神动力。

2. 人民性

为中国人民谋幸福、为中华民族谋复兴是我们党的初心和使命，习近平法治思想明确推进全面依法治国的根本目的是依法保障人民权益，生动体现这一初心使命。习近平法治思想强调把体现人民利益、反映人民愿望、维护人民权益、增进人民福祉落实到全面依法治国各领域全过程，把实现好、维护好、发展好最广大人民根本利益作为一切工作的出发点和落脚点。习近平法治思想坚持人民主体地位，始终把人民作为依法治国的主体和力量源泉，充分调动人民群众的积极性、主动性、创造性，充分激发蕴藏在人民群众中的创造伟力，使全面依法治国深深扎根于人民群众的创造性实践中。

3. 实践性

全面依法治国是国家治理的一场深刻革命。习近平法治思想对我们党在革命、建设、改革各个历史时期领导法治建设的丰富实践和宝贵经验进行了全面总结,科学回答了社会主义法治建设的重大理论和实践问题,为深化全面依法治国实践提供了行动指南。习近平法治思想扎根中国特色社会主义法治实践沃土,在推动更高水平法治中国建设的时代进程中彰显实践品格、展现实践伟力。

4. 时代性

中国特色社会主义实践向前推进一步,法治建设就要跟进一步。以习近平同志为核心的党中央从坚持和发展中国特色社会主义的全局和战略高度定位法治建设、布局法治建设、推进法治建设。立足新发展阶段,着力解决法治领域突出问题,从理论和实践上进行全面探索、开拓、创新、总结。在习近平法治思想指引下,新时代我国法治建设取得历史性成就。

四、建设法治国家的重点任务

我国改革发展稳定形势总体是好的,但发展不平衡不充分的一些突出问题尚未解决,人民内部矛盾与其他社会矛盾和问题交织叠加,党风政风也存在一些不容忽视的问题,其中大量矛盾和问题与有法不依、执法不严、违法不究相关。全面依法治国是关系我们党执政兴国、关系人民幸福安康、关系党和国家长治久安的重大战略问题。奋进新时代,我们要深入学习贯彻习近平法治思想,自觉用习近平法治思想武装头脑、指导实践、推动工作，加快推进社会主义法治国家建设，为实现中华民族伟大复兴提供有力法治保障。

（一）在党的领导下坚定不移走中国特色社会主义法治道路

习近平总书记指出："具体讲我国法治建设的成就，大大小小可以列举出十几条、几十条，但归结起来就是开辟了中国特色社会主义法治道路这一条。"① 我们这条法治道路坚持党的领导、人民当家作主、依法治国有机统一，符合中国国情，符合广大中国人民意愿。在坚持和拓展中国特色社会主义法治道路这个根本问题上，我们要增强自信、保持定力。

坚持中国特色社会主义法治道路，要坚持党的领导、人民当家作主、依法治国有机统一。习近平总书记指出，把坚持党的领导、人民当家作主、依法治国有机统一起来是我国社会主义法治建设的一条基本经验。② 这个有机统一也是中国特色社会主义法治道路鲜明的标志。必须始终强调坚持党总揽全局、协调各方的领导核心作用，统筹依法治国各领域工作。坚持以习近平法治思想指引全面推进依法治国，持续深化对习近平法治思想的理解，真正做到学深、悟透、笃行。我们要更加积极发展全过程人民民主，健全全面、广泛、有机衔接的人民当家作主制度体系，持续增强党运用法治方式领导和治理国家的能力。

---

① 《习近平关于全面依法治国论述摘编》，北京，中央文献出版社，2015：26 页。

② 习近平：《关于〈中共中央关于全面推进依法治国若干重大问题的决定〉的说明》，载《人民日报》，2014-10-29（2）。

坚定不移走中国特色社会主义法治道路，还必须传承中华优秀传统法律文化，借鉴国外法治有益成果。一方面注重研究我国古代法制传统和成败得失，挖掘和传承中华法律文化精华，汲取营养、择善而用。同时学习借鉴世界上优秀的法治文明成果，但必须坚持以我为主、为我所用，认真鉴别、合理吸收。

（二）抓住抓好建设中国特色社会主义法治体系这个总抓手

　　习近平法治思想科学指明了新时代全面依法治国的总抓手。既然明确总抓手是建设中国特色社会主义法治体系，我们就要抓住抓好这个总抓手。

　　建设完备的法律规范体系。完备的法律规范体系，是法治国家、法治社会的制度基础。要加强重点领域、新兴领域、涉外领域立法，健全国家治理急需的法律制度、满足人民日益增长的美好生活需要必备的法律制度，不断完善以宪法为核心的中国特色社会主义法律体系。聚焦国家治理现代化，积极推进重要领域立法，加强对新兴领域立法问题研究。聚焦人民群众急难愁盼，加强民生领域立法，补齐监管漏洞和短板，为全面依法治国提供完备的制度保障。

　　建设高效的法治实施体系。法律的生命在于实施。维护国家法制统一、尊严、权威，不仅要制定良好的法律，还要确保纸面上的法律规范真正实现。为此，首先需要不断健全保证宪法全面实施的体制机制，加强宪法实施和监督。做到严格规范公正文明执法，严格执法资质、完善执法程序，确保法律公正、有效实施。深化司法体制改革，建设公正、高效、权威的中国特色社会主义司法制度，努力让人民群众在每一个司法案件中感受到公平正义。

建设严密的法治监督体系。法治监督是由党内监督、人大监督、民主监督、行政监督、司法监督、审计监督、社会监督、舆论监督构成的严密的监督体系。首先强化党内监督，健全党统一领导、全面覆盖、权威高效的监督体系。把党内监督同国家机关监督、民主监督、群众监督、舆论监督贯通起来，发挥整体监督效能，形成强大监督合力。

建设有力的法治保障体系。法治保障包括组织保障、运行保障、人才保障等。着力建设德才兼备的高素质法治工作队伍，加快发展法律服务队伍，加大涉外法治人才培养力度，为加快建设社会主义法治国家提供强有力的人才保障。加强运行机制保障，加强机构建设和经费保障，加强科技信息保障，充分运用大数据、云计算、人工智能等现代科技手段，推动科技与法治相互促进、融合发展。

建设更加完善的党内法规体系。统筹推进依法治国与依规治党和制度治党。完善党的领导制度体系，健全党中央对重大工作的领导体制，把党的领导落实到治国理政全过程各方面。完善党内法规制定体制机制，加大党内法规备案审查和解释力度，形成配套完备的党内法规制度体系。

（三）坚持法治国家、法治政府、法治社会一体建设，依法治国、依法执政、依法行政共同推进

依法治国、依法执政、依法行政是一个有机整体。依法治国是党领导人民治理国家的基本方略，依法执政是我们党执政的基本方式，依法行政是政府行政的基本准则。依法治国就要

确保广大人民群众在党的领导下，依照宪法和法律规定，通过各种途径和形式管理国家事务，管理经济文化事业，管理社会事务，保证国家各项工作都依法进行。增强依法执政意识，善于运用法治思维和法治手段巩固执政地位、改善执政方式、提高执政能力。各级政府要严格依法行政，切实履行职责，严格规范公正文明执法，保证法律法规有效实施。

法治国家、法治政府、法治社会相辅相成。法治国家是法治建设的目标，法治政府是建设法治国家的重点，法治社会是构筑法治国家的基础。法治政府建设是重点任务和主体工程，对法治国家、法治社会建设具有示范带动作用，要率先突破。法治社会建设要加快推进。习近平总书记强调，要加大全民普法力度，培育全社会办事依法、遇事找法、解决问题用法、化解矛盾靠法的法治环境[①]。在运用法治思维与法治方式进行基层社会治理的过程中，还要注重发挥道德规范、乡规民约的辅助作用，健全自治、法治、德治相结合的治理体系。

思考题

1. 请简述习近平法治思想的核心内容。

2. 当前应如何推进法治国家建设？

[①] 习近平：《加强党对全面依法治国的领导》，载《求是》2019（4）：4-7页。

确保国家粮食安全　全面推进乡村振兴

张　青　中共中央党校（国家行政学院）经济学教研部副主任、教授

鲁西粮食主产区小麦开镰收割（来源：中国新闻图片网）

"洪范八政，食为政首。"粮食安全自古以来就是治国安邦和富国强民的根本要务。民以食为天，国以粮为安。确保国家粮食安全不仅是维持国民基本生活需要的物质基础，更是关乎

国家经济发展、政治稳定、社会和谐的战略条件，是国家安全保障和国际政治博弈的核心武器。悠悠万事、吃饭为大。人多地少的现实局面造成了我国"大国小农"的基本国情、农情。有限的耕地数量和发展潜力制约着我国的农业发展，也决定了我国粮食生产仍需久久为功。中国作为14亿多人口的大国，必须始终将粮食安全当作首要的战略重任。

党的十九大报告提出了全面实施乡村振兴战略。"民族要复兴，乡村必振兴。"确保国家粮食安全和重要农产品稳定供给，是乡村产业振兴的基本底线。我国粮食安全长期以来保持着紧平衡态势，粮食安全基础仍不稳固，形势依然严峻。

当前世界正在经历百年未有之大变局，国际粮食安全遭遇严峻挑战，确保粮食安全、稳住农业基本盘成为应变局、开新局的"压舱石"。"十四五"时期要立足粮食基本自给，落实好"藏粮于地、藏粮于技"的战略举措，提高粮食综合生产能力，防范种业安全"卡脖子"，掌握粮食安全主动权，确保国家粮食安全，全面推进乡村振兴，实现农业农村现代化，向着第二个百年奋斗目标不断迈进。

一、粮食安全的基本内涵与中国粮食安全战略选择

粮食安全的内涵随着时代的发展不断丰富和完善。我国粮食生产能力持续增强，粮食流通现代化水平明显提升，粮食供给结构不断优化，粮食产业稳步发展，人均粮食占有量连续多年超过世界平均水平，逐步建立起了更高层次、更高质量、更有效率、更可持续的粮食安全保障体系。

扫一扫，获取本部分的内容讲解视频

（一）粮食安全的概念和内涵

粮食安全的概念最早由联合国粮食及农业组织（FAO）提出，1974 年的世界粮食大会首次将粮食安全定义为"任何人在任何时候都能够获得维持生命健康所必须的粮食"；1983 年延伸为"任何人在任何时候都能够买得起和买得到足以维持生命健康所必需的粮食"；1996 年扩展为"任何人在任何时候都能够买得起和买得到足够的、安全营养的食物以满足积极和健康生活的粮食需求和食物偏好"。

粮食安全的内涵逐渐从粮食供给保障领域延展到包含粮食价格、购买能力、市场流通等因素在内的粮食获取保障领域，更加关注食物的营养和质量，粮食安全的内涵得以愈加丰富。

我国粮食安全概念涵盖谷物、豆类、薯类三大品种的安全保障，其中谷物包括稻谷、小麦、玉米三种主粮。改革开放之前，我国粮食安全主要以保障粮食生产和总量供应为目标。改革开放之后，我国粮食总量逐渐与需求量相匹配，粮食流通更加顺畅，粮食短缺问题基本解决。

当前，我国粮食安全建设正迈进新阶段，粮食综合生产能力大幅提升，随着我国人口自然增长率的下降和人口总量的平稳增长以及居民收入水平的提高，食物消费结构开始向高质量转型升级，国民谷物消费需求相对下降，肉鱼蛋奶、水果蔬菜等种类丰富的食物需求比重则逐步提升，而且对食物的营养健康和卫生安全的重视程度不断加强。我国粮食安全的内涵也逐步从保障粮食产量和购买力方面，扩展到保障粮食供应质量和消费结构，并进一步延伸至食物安全层面，这是中国特色粮食安全道路的新发展。

（二）中国粮食安全战略选择

保障国家粮食安全是一个永恒的课题。在 9% 的世界耕地面积和 6% 的淡水资源条件下，如何养活世界近 1/5 的人口，这是一个巨大的挑战。

依赖进口保障粮食安全还是依靠自给保障粮食安全？确定何种国家粮食安全战略，是摆在中国共产党、中国政府和全体中国人民面前的重大抉择。

党的十八大以来，我国明确提出"以我为主、立足国内、确保产能、适度进口、科技支撑"的新时代国家粮食安全战略。要"确保谷物基本自给、口粮绝对安全"，始终把握粮食安全主动权。

习近平总书记反复强调："粮食安全是国家安全的重要基础。""解决好十几亿人口的吃饭问题，始终是我们党治国理政的头等大事。""中国人的饭碗任何时候都要牢牢端在自己手上。我们的饭碗应该主要装中国粮。"

自 2015 年以来，我国粮食产量连续七年稳定在 1.3 万亿斤以上，人均粮食占有量超过 940 斤，高于世界平均水平。谷物自给率超过了 95%。大国粮仓越来越稳固，为应对各种风险和挑战赢得了战略主动。

（三）中国粮食安全取得的成就

中华人民共和国成立以来，中国共产党领导中国人民实现了从"吃不饱"到"吃得饱"，再到"吃得好"的历史性转变，在粮食安全方面取得了巨大成就，有力地反击了 20 世纪 70 年代美国学者莱斯特·布朗在《谁来养活中国？》中关于中国将在 21 世纪因为粮食短缺问题给世界带来粮食危机的断言。事实证明，我国通过不懈努力不仅保障了本国粮食安全，还为世界粮食安全事业贡献了中国力量。

粮食产量稳步提升，谷物供应基本自给。 自中华人民共和国成立以来，我国粮食产量呈逐年上涨趋势，年均增速保持在 2.5% 左右，2015 年粮食产量迈上 6.5 亿吨的台阶并保持稳定和增产趋势，2021 年我国粮食总产量达 6.8 亿吨，是 1949 年 1.1 亿吨的 6 倍多（图 1）。目前我国人均粮食占有量达到了 480 千克以上并已多年高于国际粮食安全标准线，较 1949 年的 209 千克增加了近 130%。我国粮食单位面积产量于 2021 年增长至 5817 千克/公顷（图 2），粮食综合生产能力显著提升。此外，我国谷物目前自给率已达 96% 左右，粮食库存与消费量的比例也远高于国际粮食安全系数 17%～18% 的警戒线，谷物基本自给、口粮安全有保障。

单位：万吨

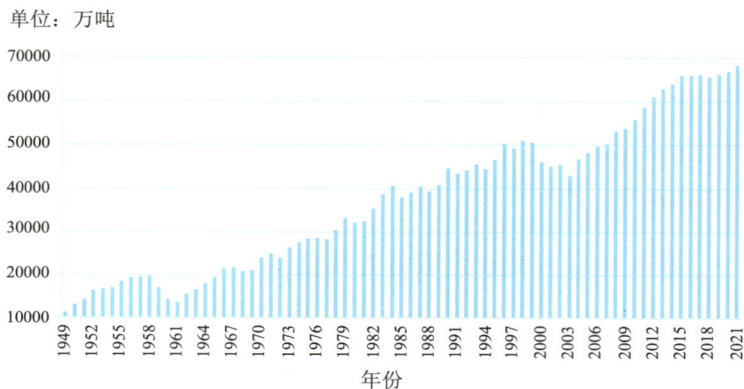

图 1　1949—2021 年中国粮食总产量（数据来源：国家统计局）

单位：千克/公顷

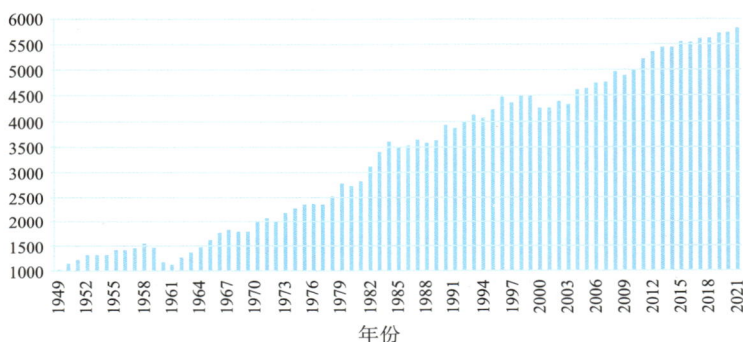

图 2　1949—2021 年中国粮食单位面积产量（数据来源：国家统计局）

粮食储备能力显著增强，应急体系逐步健全。我国建立了多层级立体式粮食储备体系，具有较强的宏观调控能力，能够保障粮食市场的平稳运行。我国现已建成足够容纳 6.8 亿吨粮食的标准粮食仓房仓容，现代化新粮仓仓储规模不断增加，粮食储备能力达到世界较先进的水平。目前我国粮食库存处于历史高位，能够有效应对世界粮食格局波动。在粮食流通领域，基本形成了公路、铁路、水路多式联运格局，大大提升了我国粮食物流效率，骨干通道的运输能力不断增强。同时，我国粮食应急体系逐步健全，各个城市应急成品粮储备有保障，应急储备、加工流通和配送体系逐步形成和完善，能够有效应对重大自然灾害和公共卫生突发事件。在新冠肺炎疫情考验中，我国粮食和重要农副产品的强大"保供稳市"能力为全国上下抗击疫情提供了重要物质保障，用实践成果检验了中国粮食安全的现代化水平。

绝对贫困全面消除，食物营养持续改善。党的十八大以来，中国共产党通过领导脱贫攻坚战实现了现行标准下9899万农村贫困人口全部脱贫。据世界银行的国际贫困标准统计，我国有8亿人摆脱了贫困，对全球减贫事业的贡献率超过70%，提前10年实现了联合国千年发展目标中的减贫目标。同时，我国人口粮谷类食物摄入量稳中有增。2018年，我国油料、猪牛羊肉、水产品、牛奶、蔬菜和水果的人均占有量较1996年分别增长了35.7%、55%、72.5%、333.3%、104.2%和176.5%，蔬菜瓜果和蛋奶类营养食物增长幅度较大，优质蛋白和脂肪摄入量增加，膳食品种向多样化发展，营养水平得到大幅改善。

二、中国粮食安全面临的新形势与新挑战

扫一扫，获取本部分的内容讲解视频

当今世界正在经历百年未有之大变局，国际环境正面临深刻复杂的变化，全球粮食安全形势极其严峻，我国粮食安全也面临前所未有的挑战，保障粮食安全压力骤增。面对特殊时期的特殊挑战，我国更要确保粮食安全，稳住农业基本盘，推进经济社会持续健康发展。

（一）新冠肺炎疫情提升粮食危机风险，全球粮食安全遭受重大威胁

2022年国际形势复杂多变，叠加新冠疫情、乌克兰危机、气候冲击的影响，俄罗斯、乌克兰、阿根廷、土耳其等多国开始进行粮食出口管制，全球粮食进口遭遇重大挑战。俄罗斯和乌克兰不仅是世界主要粮食出口国，而且是重要的化肥生产大国。

乌克兰危机局势变动深刻影响着世界粮食安全形势，导致全球化肥价格波动推高了粮食生产成本，全球粮食出口供应趋紧。欧美西方国家针对俄罗斯推出的制裁措施又进一步加剧了世界粮食短缺问题，这对于饱受新冠肺炎疫情折磨的欠发达国家来说无疑是雪上加霜，已经有部分依赖"俄乌"粮食进口的国家出现了粮食危机的迹象。近年来，我国主要向乌克兰和俄罗斯进口小麦、大麦、玉米等，由于进口总量占比不是很大，且我国在长期坚持国家粮食安全战略的条件下形成了韧性较强的粮食安全保障体系，因此短期内受地缘政治冲突的影响不大。

（二）生产格局面临"四期叠加"压力，粮食安全遭遇"三大风险"挑战

当前我国粮食生产格局正面临产量徘徊期、库存下降期、消费增长期、成本上涨期"四期叠加"压力。由于耕地资源和农业技术的限制，我国粮食年产量近年来趋于平稳，粮食生产能力接近阶段性峰值。[①] 从长期来看，粮食安全形势依旧严峻。近年来，我国粮食收购量逐渐下滑导致库存下降。然而，当前我国粮食消费上升趋势明显，粮食需求冲击峰值，人民食物消费结构不断升级。同时，随着国民安全意识的提高，绿色食品、有机食品、无公害食品等高质量农产品逐渐成为更多国人食物消费的首选，食品安全问题受重视程度不断提高。此外，近年来我国土地成本、劳动力成本、环境成本逐渐提高，粮食生产面临成本高、上涨快的压力，不仅导致农产品市场竞争力的下

---

① 蔡之兵，张青：《中国粮食产量"天花板"的迹象判断、形成机理与应对之策》，载《行政管理改革》，2021（2）：72-80页。

降，还出现粮食价格逐渐走高和猪肉价格大幅波动等问题。"四期叠加"压力的同时爆发，更是导致了供给下降、成本上涨、需求增加，进一步带来了粮食价格继续上涨、生产积极性难保持、进口继续高速增加"三大风险"。这也是我国农产品的成本和价格都高于国际市场并形成国内外粮食价格倒挂的原因。

（三）产销地区结构发生变化，"南粮北调"转向"北粮南运"

"苏湖熟，天下足。"自宋朝开始我国粮食主产地区主要集中在江浙及长江中下游的鄱阳湖、洞庭湖一带，粮食经南方地区调运供给全国各地。改革开放之后，沿海发达地区转向以发展第二、三产业为主，粮食种植面积大幅减少，产量逐年下降。北方地区因此承担起了粮食生产的重任，我国粮食、油料、棉花、糖料的主产区出现了向北集中的态势，开启"北粮南运"的粮食产销新格局。目前我国谷物粮食的主产区主要集中于黑龙江、吉林、辽宁、河南、山东、河北、安徽、江苏等省，承担了全国约 80% 的粮食产量。东北地区的农业规模化经营和农业机械化生产程度不断扩大，成为我国最大的商品粮生产基地，承担着全国大部分大米、玉米、大豆等农产品的生产任务。但产销地区结构变化带来了在空间分布上南方"水资源多但耕地少"、北方"耕地多但水资源少"的区域资源错配现象，农业用水空间受到挤压，水资源对粮食安全的约束明显加剧。

（四）粮食生产比较效益偏低，种粮主体积极性亟待提升

由于农业平均利润率水平远低于第二、三产业，农民从事

农业生产的收入远低于进城务工收入，大量农村青壮年剩余劳动力流向城市，留守农村的老年农民成为种粮主力军，深耕农业农村的人才缺失严重，不利于保障国家粮食安全。农民种粮成本不断攀升，种粮收益提高缓慢，与其他经济作物相比收益更低，农民种粮积极性不高。同时，粮食主产区基层政府的财政收入情况往往不乐观，政府的种粮积极性受到很大影响，既精准又可持续的利益补偿机制有待建立和完善。

（五）守住耕地红线任务艰巨，资源环境约束日益趋紧

地为粮之本。我国人均耕地资源和高质量耕地较少，可利用的耕地资源极为有限。随着城镇化进程的推进，城镇面积不断扩大，一定程度上挤占了耕地面积。虽然我国实行了最严格的耕地保护制度，但耕地保有量仍有所下降。

习近平总书记指出，"耕地是粮食生产的命根子""我国人多地少的基本国情，决定了我们必须把关系十几亿人吃饭大事的耕地保护好，绝不能有闪失""要严防死守18亿亩耕地红线，采取长牙齿的硬措施，落实最严格的耕地保护制度"。党政同责保护耕地、确保粮食安全，任务艰巨，责任重大。

（六）种业技术创新急需突破，科技支撑战略有待强化

农业科技创新是缓解我国自然资源环境约束的根本途径，是突破粮食产量增长瓶颈的关键一招。农业生产要素增长的停滞是影响粮食产量的重要因素，我国粮食作物播种面积近五年来出现小幅下滑，土地、劳动力、化肥农药等生产要素投入的客观减少倒逼着粮食生产转向以农业技术进步为动力支撑的高质量发展路径。我国粮食产量提升依然具有较大潜力，我

国玉米和大豆亩产水平只有美国的 55% 左右，蛋白饲料原料自给率还不到 20%，大豆自给率仅为 15% 左右，2021 年进口大豆 9652 万吨，占全球大豆出口量的 60% 左右，进口依存度过高。此外，我国许多农产品种子依然需要大量进口，种业发展面临"受制于人"的困境。因此，未来要从根本上解决粮食"卡脖子"问题、提高农产品产量和竞争力，关键是要加快我国种业生物技术的研发和突破。

三、我国粮食安全战略的重点任务

积极应对粮食生产格局变化、主产区种粮积极性下降、粮食生产面临资源环境约束、种业安全面临"卡脖子"难题以及国际环境不稳定、粮食安全风险激增等问题，是我国确保粮食安全、推进乡村振兴的必经之路。

（一）提升粮食综合生产能力，加强粮食储备应急管理

构建安全可持续的高水平国家粮食安全综合保障体系，要不断推动粮食生产和储备体系的高质量发展。一方面，做好粮食生产保面积、稳产量。保持 1.3 万亿斤粮食年产量是确保国家粮食安全不可动摇的底线目标，保障粮食播种面积，完善粮食安全产业带建设，提高粮食自给率。树立大农业观，统筹"粮经饲"三元种植结构，建成高质量农业供给体系；转变粮食安全观念，从向耕地资源转到向整个国土资源要粮食、要热量、要生物资源；做好农业生产力布局，充分发挥比较优势，降低农业生产成本；深入实施优质粮食工程，以农业高质量发展为导向加快推动农业供给侧结构性改革；实施大豆和油料产能提升工程，通过扩种大豆油料提升大豆自给率；提高粮

食生产集约化、规模化、机械化水平，以现代农业生产技术提高粮食综合生产能力。同时，加强重要农产品调控，促进粮食产业链全链提质增效，并以高质量产品供给刺激国内消费需求，打通国内大循环的堵点；落实粮食安全省长责任制、"菜篮子"市长负责制，加强高营养膳食的稳产保供，守好"米袋子"，拎稳"菜篮子"，抓牢"油瓶子"。另一方面，坚持以底线思维提高粮食储备体系的储备能力。中央储备粮是"压舱石"，地方储备粮是"第一道防线"，要重视粮食储备区域空间科学合理布局和结构调整，全面深化粮食储备安全管理体制机制改革，提高抵御粮食危机风险的能力。同时，要调动农业企业、种粮农民等社会力量的积极性，激发市场主体粮食储备潜力，鼓励多元化市场主体扩大产销渠道，缓解中央政府储粮压力。此外，要建立粮食储备预警监测系统，健全粮食安全风险管控体系，提升粮食仓储维护和管理水平。

（二）建设现代粮食流通体系，用好两个市场两种资源

建立现代粮食流通体系有利于促进粮食高效流通，是保障粮食安全的重要环节，要充分利用两个市场、两种资源。首先，立足新发展格局，健全国内粮食生产、流通、消费全产业链，提高粮食供应链的韧性，畅通粮食产业的国内大循环。形成生产和流通的系统协调机制，平衡好生产、流通、消费等全产业链中各个主体之间的利益关系，培养全产业链农业企业，提高粮食流通体系的效率。其次，加强粮食储备和物流的基础设施建设，加强全国粮食储备的空间布局结构规划和优化调整，提高粮食跨区域运输能效。同时，深化粮食流通体制市场化改革，完善粮食价格形成机制。最后，统筹好国内国际两个

市场、两种资源，更好构建新发展格局，我国进口粮食规模不容忽略，要利用进口粮食调剂品种缺口，畅通国内国际农产品贸易的双循环体系，提高国际粮食供应链的安全性。充分做好"藏粮于外"，保障 13~15 亿亩海外农业资源。重视把握粮食安全的主动权，建立和完善全球粮食安全监测预警体系、全球粮食贸易投资市场监测体系等，防范"两个市场、两种资源"的风险。

（三）保护主产区种粮积极性，强化粮食生产人才队伍建设

保障国家粮食安全是粮食主产区、主销区、产销平衡区的共同责任。2022 年中央一号文件《中共中央国务院关于做好 2022 年全面推进乡村振兴重点工作的意见》指出，"主产区、主销区、产销平衡区都要保面积、保产量，不断提高主产区粮食综合生产能力，切实稳定和提高主销区粮食自给率，确保产销平衡区粮食基本自给"①。强化落实粮食安全责任制考核，压紧、压实各个省份和地区政治责任。在坚持市场化政策取向的同时，注重保护主产区政府和农民的比较收益。首先，优化粮食补贴政策。坚持"谁种田，补给谁"的精准补贴原则，加大对产量大省、产量大县的长期可持续财政转移支付规模和奖励力度，积极探索主销区对主产区的利益补偿机制。其次，降低粮食生产成本，提高种粮比较效益。政府要做好农资产品的价格监管，及时进行资料价格和获取渠道的调控，完善农资器具购买补贴，加强交通物流基础设施建设，降低农业生产运输

① 《中共中央国务院关于做好二〇二二年全面推进乡村振兴重点工作的意见》，载《人民日报》，2022-02-23（1）。

成本。再次，注重培育种粮人才队伍。支持种粮大户、家庭农场、农民合作社等新型农业经营主体发展适度规模经营，鼓励青壮年群体投身农业发展事业，培养新型职业农民。最后，要开发农业社会化服务新模式，发展农业生产托管服务，为小农户提供专业化粮食生产外包服务，在不改变土地承包关系的前提下与农民分享最大化利益，在提高粮食生产效率的同时提高农业收益水平。

（四）严守粮食生产耕地红线，保障种业安全自主可控

耕地和种子是粮食安全的关键要害。习近平总书记曾多次强调，保障粮食安全要"藏粮于地、藏粮于技"。一方面，坚持土地"三权分置"制度，落实第二轮土地承包到期后再延长 30 年，确保土地承包关系保持稳定并长久不变，明确土地承包权，保障经营权有序流转，保障种粮积极性，杜绝大量耕地撂荒现象的发生。促进小农户与现代农业的有机衔接，加快推进规模化、集约化、机械化种植经营；落实"长牙齿"的耕地保护措施，守住耕地红线，严守永久基本农田控制线，大力推广高标准农田建设。坚决抑制耕地"非农化""非粮化"，基本农田要保障粮食生产，高标准农田全部要用于种植粮食。此外，还要注重耕地地力维护，保护好农业资源，重视改善生态环境。另一方面，提高农业全要素生产率是提高粮食亩产的根本途径。要加强农业科研力度，加大对粮食育种、化肥改良、农业机械制造、耕地地力提升等方面的科技创新研发投入，推动农机装备研发应用。此外，大力推进"种业振兴行动"，完善种业提升工程，打好种业翻身仗，开展种源"卡脖子"技术攻关，加快种子库建设，贯彻落实种子法，加强种子资源保

护，确保良种自主可控，实现种业全面振兴。

（五）加强对外开放与国际合作，维护世界粮食安全

粮食安全关乎世界和平与发展，在维护世界粮食安全方面发挥积极作用。立足新发展阶段，中国要积极落实《联合国2030年可持续发展议程》，加强粮食安全对外开放与国际合作。首先，我国要积极推动粮食领域的国际合作，加强南南合作、中非合作，充分依托"一带一路"建设。同时还要注重发挥区域性组织的作用，促成更大规模的粮食安全合作计划，开展全球生物育种、种质资源方面的合作与资源交换。其次，积极为全球饥饿人口提供粮食援助，并为其提供可持续发展动力，要继续为非洲等发展中国家和地区提供粮食种植技术指导，帮助其解决农业生产问题，提高其农业技术水平和粮食自给率。同时，我国粮食产业布局要有全球性视野，要坚持"走出去"战略，加大投资贸易，提升国际化水平，培育全球性农业食品企业。在新发展格局下，构建全球粮食产业链，优化粮食贸易结构，在国际市场上发挥维护世界粮食产业安全的积极作用，积极参与全球农业和粮食安全治理和规则制定，提高国际话语权，重塑世界粮食格局。

四、以确保粮食安全推进乡村振兴战略实施

农业农村现代化的实现是我国建成社会主义现代化强国的关键，乡村振兴则是实现农业农村现代化的必然要求。习近平总书记强调："实施乡村振兴战略，必须把确保重要农产品特别是粮食供给作为首要任务，把提高农业综合生产能力放在更

加突出的位置，把'藏粮于地、藏粮于技'真正落实到位。"①解决"三农"问题，实施乡村振兴战略，要坚持历史思维、底线思维和问题导向，打赢打好粮食安全战。

一是大力发展粮食产业，助推乡村产业振兴。现代化经济体系的建设离不开现代化农业产业体系的发展。要始终坚持以经济建设为中心，坚持新发展理念，在守住农业稳产保供底线的同时，坚持质量兴农、绿色兴农，以农业供给侧结构性改革为主线，以粮食产业高质量发展为目标，加快构建现代农业产业体系、生产体系、经营体系，坚持产业链、价值链、供应链"三链协同"，提高农业创新力、竞争力和全要素生产率，建设集生产、加工、储备、销售等多环节为一体的现代化粮食产业体系，保障重要农产品稳定供给，加快实现由农业大国向农业强国转变。同时，要借助数字化转型红利，依靠 5G 技术、大数据、云计算、人工智能、区块链等新一代信息技术推进数字农业发展，建设数字乡村，发展智慧农业，为现代化粮食产业发展保驾护航。

二是打造绿色粮食生产模式，助推乡村生态振兴。构建绿色粮食生产模式是"双碳"目标下农业发展的必然趋势。高度重视对农业生态环境的保护，减少农药化肥的使用，科学处理农业垃圾，合理合法排放、保护耕地质量、防治面源污染、缓解资源环境约束，推进优质粮食生产和低碳经济发展齐头并进，促进现代农业向绿色发展方式转型。此外，粮食减损也是保障粮食安全的重要方面，我国粮食浪费现象仍较普遍，要加

专题四　确保国家粮食安全　全面推进乡村振兴

---

① 《习近平在看望参加政协会议的农业界社会福利和社会保障界委员时强调 把提高农业综合生产能力放在更加突出的位置 在推动社会保障事业高质量发展上持续用力》，载《人民日报》，2022-03-07（1）。

强节约粮食从我做起的宣传，营造爱粮节粮的社会氛围。同时，利用农业机械化生产和绿色低温储粮等现代技术手段减少粮食在产业链各个环节的损耗，提高生态环境和自然资源的利用效率，促进乡村生态振兴的实现。

三是加强粮食产业人才培养，助推乡村人才振兴。"小农经济"在我国农业发展历史中扮演着重要角色，但在现代化发展中存在规模投资不足、生产经营低效、应对气候环境变化和自然灾害的能力弱等诸多不足。支持以集约化、机械化、标准化、产业化、绿色化为主的新型粮食生产主体的发展势在必行，通过培育新型农业经营主体、发展适度规模经营、提高小农户组织化程度等措施为推动粮食产业发展提供可持续的人才储备条件。同时，扩大农业科技服务人员规模，依托政府平台和社会资源为新型农民和粮食生产经营主体提供公益性农业技术服务，从而为乡村振兴提供高质量人才支撑。

四是完善种粮利益分配机制，促进农民农村共同富裕。实现粮食消费需求升级，保障农民"吃得营养健康"，是提高农民幸福感、获得感、满足感的基本要求。习近平总书记强调要树立大食物观，就是要重视食物结构的变化，在保障粮食供给的同时，也要提升肉蛋蔬果、油料鲜奶和水产品的有效供给水平。除此之外，提高农民收入水平、释放农村消费需求潜力是畅通国内大循环的重要动力。要借助建设全国统一大市场的契机，树立大粮食、大产业、大市场、大流通的理念，促进要素和资源的统一、农产品价格和成本收益的统一，优化粮食生产和流通过程中农民、企业、消费者等主体的利益联结机制，实现"多赢格局"，完善利益分配，激发种粮农民积极性，带动农民增收致富，促进农民农村共同富裕。

"十四五"时期，是全面推进乡村振兴，加快农业农村现代化发展的关键时期。我们要认真落实以习近平同志为核心的党中央对国家粮食安全战略和乡村振兴战略的部署要求，落实总体国家安全观，坚持不懈、扎实奋斗，积极应对当前全球粮食风险危机。要确立"以我为主、立足国内、确保产能、适度进口、科技支撑"的国家粮食安全战略，守住"确保谷物基本自给、口粮绝对安全"的底线，深入推进"藏粮于地、藏粮于技"，抓住"广积粮、积好粮、好积粮"的关键，全面提高粮食生产、储备、流通能力，加快构建更高层次、更高质量、更有效率、更可持续的国家粮食安全保障体系，不断提升粮食安全治理体系和治理能力现代化水平。要以确保国家粮食安全为首要任务，稳住农业基本盘，稳步推进乡村振兴，如期实现农业农村现代化，走出一条中国特色社会主义乡村振兴道路。

思考题

1. 我国粮食安全面临哪些新形势与新挑战？

2. 如何确保我国粮食安全推进乡村振兴战略？

全球气候变化形势下的双碳战略

何继江 清华大学社科学院能源转型与社会发展研究中心常务副主任

宁夏永宁：光伏产业助力"双碳行动"（来源：中国新闻图片网）

全球气候变化是人类共同面临的严峻挑战。中国提出并反复强调碳达峰、碳中和目标（"双碳"目标），是基于推动构建人类命运共同体的责任担当和实现可持续发展的内在要求作出的重大战略决策，充分表明了中国全力贯彻新发展理念的坚定意志，彰显了中国愿为全球应对气候变化做出新贡献的明确态度。

一、全球气候变化的科学研究

联合国政府间气候变化专门委员会（IPCC）平均五六年会发布一次全球气候问题的评估报告。2021年8月，IPCC发布的第六次评估报告第一工作组报告《气候变化2021：自然科学基础》显示：

扫一扫，获取本部分的内容讲解视频

毋庸置疑的是人类活动已经引起了大气、海洋和陆地的变暖。1970年以来的50年是过去2000年以来最暖的50年，1901—2018年全球平均海平面上升了0.20米，上升速度比过去3000年中任何一个世纪都快，2019年全球二氧化碳浓度达410ppm，高于200万年以来的任何时候。2011—2020年全球地表温度比工业革命时期上升了1.09℃，其中约1.07℃的增温是人类活动造成的。20世纪70年代以来，热浪、强降水、干旱和台风等极端事件频发且将继续。全球变暖对整个气候系统的影响是过去几个世纪甚至几千年来前所未有的。过去和未来温室气体排放造成的许多气候系统变化，特别是海洋、冰盖和全球海平面发生的变化是不可逆的。

全球许多区域出现极端事件并发的概率将增加。高温热浪和干旱并发，以风暴潮、海洋巨浪和潮汐洪水为主要特征的极端海平面事件，叠加强降水造成的复合型洪涝事件加剧。到

2100 年，一半以上的沿海地区所遭遇的百年一遇极端海平面事件每年都将会发生，叠加极端降水，将使洪水更为频繁。特别是不排除发生类似南极冰盖崩塌、海洋环流突变、森林枯死等气候系统临界要素的引爆，一旦发生将给地球生存环境带来重大灾难。

2021 年，7 月我国郑州发生的特大洪水和 10 月山西发生的洪水灾难都是这种气候变化导致的气候极端事件，过去这类强降雨科学上评估是百年一遇，但在当前不断加剧的气候变化情况下，很可能将多发频发。

经过多年的研究，国际社会对全球变暖的认识不断深化，将其总结为气候变化，变暖只是其中的一个特征。因此，现在国际上用"气候变化"代替了"全球变暖"。2019 年，欧洲社会对气候变化有了新的表述——气候紧急状态。中国与美国在 2021 年 4 月 18 号发布的《中美应对气候危机联合声明》，采用了"气候危机"的表述方法。

在 2021 年 4 月 22 日举行的领导人气候峰会上，联合国秘书长古特雷斯在视频致辞中表示，气候危机已经到了刻不容缓的地步，"过去的 10 年是有记录以来最热的 10 年。危险的温室气体排放量处于 300 万年以来的最高位。全球的平均气温已经上升了 1.2 摄氏度，正在不断逼近灾难的边缘。与此同时，我们正在目睹海平面上升、极端高温、毁灭性的热带气旋和严重的山火。我们需要一个绿色的星球，但眼前的世界却满是闪烁的红色警灯。"

应对气候危机的关键对策。《联合国气候变化框架公约》对气候变化确定的最终目标是"将大气中温室气体的浓度稳定在防止气候系统受到危险的人为干扰的水平上"。那么，这一水平怎么衡量呢？2015 年 12 月 12 日，世界各国在联合国气候变化大会上签署《巴黎协定》，明确提出到 21 世纪末，将全球平均温升保持在相对于工业化前水平 2℃以内，并为全球平均温升控制在 1.5℃以内付出努力，以降低气候变化的风险与影响。这要求在 21 世纪下半叶实现全球温室气体的净零排放。

2018 年 10 月，IPCC 发布的《全球温升 1.5℃特别报告》指出，要想将全球升温控制在 1.5℃范围内，需要全球在 2050 年左右全球达到温室气体净零排放，到 2030 年，全球人为的温室气体排放要比 2010 年下降 45%。《全球温升 1.5℃特别报告》强调，要想实现全球平均温升控制在 1.5℃以内，需要人类社会在能源、土地、城市、基础设施和工业等方面实现前所未有的快速且深远的转型。

IPCC 在 2022 年 4 月发布的第六次评估报告第三工作组报告《气候变化 2022：减缓气候变化》，进一步阐述，要将全球变暖控制在不超过工业化前 1.5℃以内，需要全球温室气体排放在 2025 年前达到峰值，并在 2030 年前减少 43%；同时，甲烷也需要减少约三分之一。该评估报告表明，要将全球变暖控制在不超过工业化前 2℃以内仍需要全球温室气体排放在 2025年前达峰，并在 2030 年前减少四分之一。

1997 年签署的《联合国气候变化框架公约的京都议定书》明确了 6 种需要管控的温室气体，最主要的是二氧化碳（CO_2），另外 5 种温室气体是甲烷（CH_4）、氧化亚氮（N_2O）、氢氟碳化合物（HFCs）、全氟碳化合物（PFCs）、六氟化硫（SF_6），这 5 种温室气体的温室效应都可以换算为二氧化碳当量，所以温室气体净零排放即广义的碳中和，狭义的碳中和仅是指二氧化碳的碳中和。

二、碳中和的国际路径

当前，全球主要国家都已经明确了碳中和目标。美国、欧盟、英国、日本、韩国等国的目标是 2050 年实现温室气体净零排放，即碳中和。欧盟有一些国家设定的碳中和目标比欧盟的总体目标要早。例如，瑞典明确 2045 年实现碳中和、德国明确 2045 年实现碳中和，冰岛明确 2040 年实现碳中和，芬兰明确 2035 年实现碳中和。

据统计，截至 2021 年底，全球共有 131 个国家、116 个区域、234 个城市、696 个企业以不同形式提出碳中和的目标。51 个国家提交 21 世纪中叶长期温室气体低排放发展战略，其中 46 个国家承诺 2050 年前实现碳中和。数据表明，当前提出碳中和目标的国家和地区的覆盖排放量占全球约 88%，所拥有的人口数量占全球的 85%，GDP 总量占全球的 90% 以上。

中国、美国、英国、日本等国家向联合国提交了长期战略目标，即碳中和目标，还包含实现碳中和的具体路径、政策措施、重点任务等。

在制定目标的同时，世界主要国家已经开始积极行动。

美国的温室气体排放量约占全球排放总量的 15%，总量是中国的一半稍多，但人均碳排放水平大约是中国的两倍。2020 年，美国温室气体排放量比 2005 年减少 15.5%。拜登政府宣布了 2030 年比 2005 年减排 50%~52% 的目标。到 2030 年左右，中国和美国的人均碳排放水平将大体相当。

欧盟的温室气体排放在过去三年里呈不断下降态势。在过去的 10 年中，欧盟的温室气体排放量不断下降，欧盟 27 国加上英国其排放量占全球不到 10%。2020 年，欧盟的可再生能源达到占比 20% 的目标。2021 年 4 月，欧盟委员会通过了新的决议，大幅提高了减排目标，明确 2030 年比 1990 年至少减排 55%。

从不断碳减排到最终实现碳中和，国际社会的碳中和行动举措主要分为六个大的领域。

（一）电力碳中和

全球累计碳排放有 55% 来自电力行业。燃烧煤炭、石油、天然气的电厂都会造成碳排放。20 世纪 70 年代石油危机以后，燃油发电在全球的占比逐步减少，目前电力碳排放首先是燃煤电厂，其次是燃气电厂。欧洲国家在电力系统的低碳化甚至零碳化方面已经有一些探索。挪威和冰岛两国的电力系统已经基本接近零排放，冰岛使用地热和水力发电，挪威 96% 左右的电来自水力发电，碳排放极低。欧洲还有一些国家的电力系统接近零碳，分别是瑞典、法国、瑞士。瑞典的发电大约是 40% 的核电、40% 的水电、10% 的风电，其他发电合计 10%，其中燃煤发电大约只占 3%。法国的核电占比接近 80%，还有一些水电，煤电极少。退煤是当前欧洲国家推进电力碳中和的重要手段。2016 年，比利时关闭了其最后一座燃煤电厂。奥地利想要成为欧洲第二个退煤电的国家，在 2020 年 4 月 17 日按原计划关闭了其最后一座燃煤电厂，然而未曾预料到的是，瑞典搞了个突然袭击，在前一天也就是 4 月 16 日关闭了其最后一座燃煤电厂，成为欧盟第二个退煤电的国家。

现在欧洲很多国家已经制订了退煤计划。法国计划于2022年关闭全部煤电，意大利将于2025年关停煤电，芬兰和荷兰将于2029年关停煤电，丹麦、匈牙利将于2030年关停煤电。欧洲最大的煤电生产国——德国于2019年决定最晚2038年退煤。2021年5月以来，有两个新消息，一是匈牙利宣布提前5年退煤，2025年关闭全部煤电。二是德国宣布碳中和时间从2050年提前至2045年，并计划提前到2030年关闭煤电。这些退煤的国家都是靠光伏发电和风电来替代燃煤发电。2020年，德国电力系统中可再生能源占比超过45%，丹麦的风电和光伏发电占比已经超过50%。奥地利目前电力中70%是水电，过去十年，大力发展的风电替代了煤电的份额，未来10年，光伏发电将进一步加快发展，以替代天然气发电。到2030年，奥地利将实现100%可再生能源电力。

（二）建筑碳中和

建筑的供暖、制冷需要消耗能源，从而产生很大的碳排放。欧洲国家在建筑的碳中和主要包括三大方面举措：

一是用工业余热或可再生能源供热。冰岛的供热几乎全部来自地热供暖或电力供暖。瑞典和丹麦大量采用垃圾和生物质热电联产发电，采用区域供热的方法来供热，从而大幅减少碳排放。太阳能集热器供热加上光伏和空气源热泵的技术方案也已经为欧洲很多建筑实现近零碳排放。

二是提高建筑能效。欧洲各国已经开始出台一系列绿色建筑评价体系，目标是指导建筑在生命全周期中最大限度节约资源、减少碳排放。欧盟已经以法律形式规定，2020年开始新建的公共建筑必须达到净零能耗标准。欧盟还提出 2030 年前实现所有建筑近零能耗的目标。

三是光伏与建筑的结合。北欧国家如挪威、瑞典以及德国等国开展了零排放建筑的探索，通过加装光伏等能源生产设施，使建筑光伏发电弥补建筑运行期间的能耗，甚至补偿建筑全生命中周期的碳排放。

（三）交通碳中和

石油危机以来，欧洲各国在不同程度上推广过生物燃料，以减小对燃油的依赖。其中包括生物乙醇、生物柴油、生物气等方案。在瑞典，大部分城市的公交大巴使用生物气，即餐厨垃圾发酵制出的沼气。近些年，生物乙醇原料由于在种植过程中占用大量土地等原因，增长缓慢，相比而言，生物柴油增长十分迅速。

近年来，电动汽车成为替代燃油汽车的主角。美国的特斯拉汽车行销全球，特斯拉还通过加利福尼亚州的零排放汽车积分制度把碳积分出售，得到不少额外收益。在欧洲，挪威决定 2025 年禁售燃油汽车，自 2019 年下半年开始，挪威的电动汽车销量已经超过燃油汽车。英国和法国等国相继宣布 2040 年前禁售燃油汽车，让燃油车逐步退市。

（四）工业碳中和

在工业领域，碳排的主要难点在冶金、化工等领域。冶金工业一般以焦炭作为还原剂，因此会产生大量的二氧化碳。欧洲钢铁行业正在积极探索钢铁行业的脱碳。瑞典和德国已经在试验用氢替代焦炭作为还原剂，这样铁矿石的冶炼产生水而不是二氧化碳。零碳钢铁工序将使全球钢铁行业面临转型升级。水泥、化石、电工等工业领域也正在面对类似的挑战。

（五）CCUS

CCUS（碳捕获、利用和封存）指二氧化碳捕集利用和封存。封存是把二氧化碳注入地底下的合适地层中，也有一些技术可以实现二氧化碳的再利用。

欧洲国家中冰岛的CCUS探索具有前沿性。冰岛作为迈向碳中和的先锋国家，其当地可再生能源占一次能源的比重在2020年已经超过90%，电力系统和供热能源已经几乎完全由可再生能源供应，交通能源使用燃油是碳中和的难点。冰岛为了减少交通碳排放，创新性地提出了绿色甲醇方案。该方案用地热电厂的清洁电力电解水制氢，再将氢气与二氧化碳作用制成甲醇，替代汽柴油燃料，实现交通能源近零碳。这种甲醇可称之为绿色甲醇，其排放只有汽柴油的1%多。欧洲的石油公司如壳牌、BP等公司，都在积极探索CCUS方案。CCUS有很多种技术方案，但总体而言，因为成本较高，远没有达到成熟普及的程度。

（六）碳汇

植物的光合作用是天然的固碳手段。世界各国都高度重视林地碳汇、草原碳汇、湿地碳汇等固碳方法。英国政府就曾发布了"林地创造资助计划"，以此为契机，希望到2060年让不列颠岛南部的英格兰地区，增加12%的林地面积。瑞典等国推出了完善的森林可持续采伐制度，以避免森林遭到无计划的砍伐。2019 年 9 月，玻利维亚、巴西、哥伦比亚、厄瓜多尔、圭亚那、秘鲁和苏里南七个南美国家共同签署了《莱蒂西亚亚马逊协议》，增强对亚马逊雨林的卫星监测，禁止砍伐并重新造林。墨西哥以国家战略明确 2030 年前实现森林零砍伐的目标。新西兰、阿根廷均以法律形式，提出增加本国碳汇和碳封存能力的目标。

三、碳中和的中国承诺和路线图

2020 年 9 月 22 日，习近平主席在第七十五届联合国大会的一般性辩论上发表重要讲话，提出："中国将提高国家自主贡献力度，采取更加有力的政策和措施，二氧化碳排放力争于 2030 年前达到峰值，努力争取 2060 年前实现碳中和。"

扫一扫，获取本部分的内容讲解视频

时隔三个月，在 2020 年 12 月的气候雄心峰会上，习近平主席宣布了中国的减排目标：到 2030 年，中国单位国内生产总值二氧化碳排放将比 2005 年下降 65% 以上，非化石能源占一次能源消费比重将达到 25% 左右，森林蓄积量将比 2005 年增加 60 亿立方米，风电、太阳能发电总装机容量将达到 12 亿千瓦以上。

中国 2030 年减排目标比 2015 年巴黎气候大会时宣布的目标从四方面做了大幅度提高：

第一，中国单位国内生产总值碳排放。新目标是比 2005 年下降 65% 以上，原目标是减排 60%~65%。

第二，可再生能源占比。新目标是非化石能源占一次能源消费比重将达到 25% 左右，原目标是 20%。

第三，森林蓄积量。新目标是比 2005 年增加 60 亿立方米，原目标是 45 亿立方米。

第四，风电、太阳能发电总装机容量将达到 12 亿千瓦以上。这个目标是新明确的，此前没提到这个目标。

2020 年 12 月 18 日，中央经济工作会议把做好碳达峰、碳中和工作列为 2021 年的八项重点任务之一。2021 年 3 月，碳中和目标被正式写进《中华人民共和国国民经济和社会发展第十四个五年规划和 2035 年远景目标纲要》，把碳中和纳入生态文明建设。

2021 年 3 月 15 日，习近平总书记在中央财经委员会第九次会议上强调，要"深化电力体制改革，构建以新能源为主体的新型电力系统"，这给能源相关企业，特别是给电网企业、发电企业和煤矿企业等提出了非常明确的新任务。"控制化石能源总量，着力提高利用效能，实施可再生能源替代行动"则要求各类用能企业都要积极行动起来。

2021 年 7 月，中国明确宣布 2030 年碳达峰指的是二氧化碳排放达峰，2060 年前实现碳中和包括全经济领域温室气体的排放，包括从二氧化碳到全部温室气体。

2021 年 9 月 22 日，《中共中央 国务院关于完整准确全面贯彻新发展理念做好碳达峰碳中和工作的意见》（以下简称《意见》）强调，实现碳达峰、碳中和，是以习近平同志为核心的党中央统筹国内国际两个大局作出的重大战略决策，是着力解决资源环境约束突出问题、实现中华民族永续发展的必然选择，是构建人类命运共同体的庄严承诺。《意见》提出了构建绿色低碳循环发展经济体系、提升能源利用效率、提高非化石能源消费比重、降低二氧化碳排放水平、提升生态系统碳汇能力五个方面的主要目标。这一系列目标，立足于我国新发展阶段和基本国情的实际，标志着我国将完成碳排放强度全球最大降幅，用历史上最短的时间从碳排放峰值实现碳中和，体现了最大的决心，需要付出艰苦卓绝的努力。《意见》制定的目标是：到 2025 年，绿色低碳循环发展的经济体系初步形成，重点行业能源利用效率大幅提升，为实现碳达峰、碳中和奠定坚实基础。到 2030 年，经济社会发展全面绿色转型取得显著成效，重点耗能行业能源利用效率达到国际国内先进水平，二氧化碳排放量达到峰值并实现稳中有降。到 2060 年，绿色低碳循环发展的经济体系和清洁低碳安全高效的能源体系全面建立，能源利用效率达到国际先进水平，碳中和目标顺利实现，生态文明建设取得丰硕成果。

四、中国"双碳"工作的路线图与艰巨性

"双碳"目标不是轻轻松松就能实现的，面临着多方面的挑战。从全球角度看，中国碳排放总量、人均碳排放、碳强度等关键指标都较高。中国二氧化碳排放总量约占全球的 30%，位居第一位。从能源体系上来看，我国高度依赖煤炭等化石能源，加之高碳的产业结构，向绿色低碳转型的压力很大。从碳达峰到碳中和，中国只有 30 年的时间，而欧美国家有 40~70 年，所以我们面临着时间紧、任务重的挑战。

电力系统。 2021 年，中国可再生能源发电总量占全社会

用电量的 29%，其中水电占到 15%。太阳光伏和风能两种发电形式，虽然在过去 10 多年里涨幅极快，但它们在总发电量的比重中，分别只占了 4% 和 8%，份量远远不够。如果要达成 2060 年碳中和的目标，实现电力零排放，能源行业有以下两方面的建设要点：一是逐步减少煤电行业的建设，并在现有的煤电行业中实现减排，提高热能利用率，降低燃料消耗；二是建立灵活的电力系统市场机制，有效提高风电、太阳能和生物质发电的并网运作。

供热系统。根据统计数据显示，目前中国北方城镇供热面积约 147 亿平方米、农村供热面积约 70 亿平方米。在采暖热源方面，城镇主要来自热电产生的热能，或者各类燃煤、燃气锅炉的热力。农村主要来自煤炭和其他植物性燃料。目前，中国每年新增的城镇集中供热面积在 3~5 亿平方米，其中一半以上的面积热源来自煤炭。

交通系统。交通系统面临转型的挑战为：道路运输的碳排放占能源碳排放总量的 9% 左右，最主要的排放源是乘用客车和货车。要实现 2060 年碳中和目标，交通领域的努力主要为三个方面：第一，优化交通网络，主要是优化物流线路，提升运输效率；第二，加大公共交通的投入力度，提倡优先使用公共交通出行方式；第三，实现交通工具的能源清洁化。

工业系统。工业系统双碳工作面临的挑战是：钢铁、水泥、化工等工业碳排放量巨大。从科技创新的角度看，这些行业的低碳、零碳、负碳技术发展尚不成熟，各类技术系统集成难，环节构成复杂，技术种类多，成本昂贵，亟须系统性的技术创新。

甲烷排放。甲烷排放面临的挑战是：煤炭、天然气的生产运输和消费活动中会产生甲烷的泄露。农业活动也是甲烷的重要排放源。甲烷最大的排放源是肠道发酵——家畜消化过程中产生甲烷，并通过打嗝释放出来。这类排放在农业部门温室气体总排放量中占比接近40%，而且总排放量还在增加。稻田释放甲烷的生物过程所导致的温室气体占农业总排放量的10%。2021年4月16日，习近平主席在"中法德领导人视频峰会"的重要讲话中明确提出，中国已决定接受《〈蒙特利尔议定书〉基加利修正案》，加强甲烷等非二氧化碳温室气体管控。

欧洲碳边境调节机制的挑战。2019年12月，欧盟推出了碳边界调整机制（CBAM）。2022年3月15日，欧盟理事会就碳边界调整机制相关规则达成协议。根据这一机制，欧盟将对从碳排放限制相对宽松的国家和地区进口的水泥、铝、化肥、钢铁等产品征税。CBAM将在2025年开始正式实施，而且，碳边界调整机制证书价格须与欧盟碳市场价格直接挂钩。中国目前每吨碳价是40~50元左右，欧盟碳市场价格大约是80~90欧元。我国向欧洲出口的钢铁和铝的出口量很大，一旦欧盟正式实施碳边界调整机制，短期内势必会影响我国相关大宗商品对欧出口贸易。为了积极有效应对欧盟的碳边界调整机制，我国许多行业和企业已经积极行动起来，健全企业碳管理体系，建立碳中和长期战略，并开始加快能源转型和技术创新节能减排。

五、中国"双碳"战略给绿色发展带来巨大机遇

发展绿色产业，既是推进生态文明建设、实现高质量发展

的重要内容之一，也是实现碳达峰、碳中和目标的重要支撑和推动力。

在碳达峰、碳中和目标的约束下，能源结构、产业结构、交通结构等将面临深刻的低碳转型，也将给节能环保产业、清洁生产产业、清洁能源产业、生态环境产业、基础设施绿色升级、绿色服务等绿色产业带来广阔的市场前景和全新的发展机遇。

中国光伏产业以及电动汽车产业正是由于把握住了全球气候变化的机遇而得以迅速发展壮大。

中国的光伏产业已经是中国具有国际竞争力的为数不多的产业之一。目前，在全球的光伏产业全产业链中，中国的产品占到全球市场的 70%~80%。就组件来说，占比超过 80%，也就是中国生产的光伏组件是全球其他国家生产的光伏组件总数的 4 倍以上。在硅料、硅片、电池片、组件这四大光伏产业链环节，全球排名前 10 位的制造企业中，我国分别占了 7 家、10 家、9 家和 8 家。2019 年，国内 10 大组件厂市场占比达到 70%，同比提升 12%。中国光伏企业的卓越成就正是由于全球能源转型等一系列因素组合的结果。随着全球加快应对气候变化的步伐，光伏市场需求持续增加，2021 年我国出口光伏组件达到 98.5GW，同比增长 25.1%。2021 年，中国光伏产品出口超过 284 亿美元，同比增长 44.9%。

全球对中国光伏产品的需求还在持续快速增长。欧洲是我国组件出口的第一大海外市场，2021 年从中国进口光伏达40.9GW。2021 年底，德国把光伏发展的目标从此前确定的 2030 年96GW，提高到 200GW。2022 年 2 月，"俄乌冲突"爆发后，欧洲加快了能源独立的进程，并确定了 2030 年前摆脱俄罗斯油气的目标。2022 年 5 月 18 日，欧盟正式公布了名为"RepowerEU"的能源计划，该计划涉及未来五年内高达 2100 亿欧元的资金规模，包括增加可再生能源和液化天然气进口，降低能源需求，从而达到减少对俄罗斯能源依赖、加快转向绿色能源的目的。在这个计划中，欧盟计划到 2025 年将光伏发电装机容量翻一番，到 2030 年光伏装机容量达到 600GW。欧洲各国安装光伏的强劲需求，为中国光伏制造业的发展带来新的机遇。

据统计，中国 2025 年的光伏硅料的制造能力有可能达到 1000GW，其下游制造的约 100GW 光伏组件用于国内光伏电站建设，另外 900GW 左右的光伏产能将出口全世界，为全球碳中和做出重大贡献。在这个过程中，中国不仅出口光伏产品，还将出口光伏电站建设技术、光伏微电网技术、光伏与生态修复集成技术、光伏与农业集成技术等，从而有力提升中国在全球产业中的地位，促进中国的绿色发展。

在国内，能源的碳中和进程正在推进风电光伏清洁能源大基地的规模开发，这不仅给中国能源转型，也给西部大发展创造了前所未有的机遇。中国在 2030 年前将在西部戈壁沙漠荒漠地区建设 450GW 以上的风电光伏项目，然后实施大规模的特高压输电工程，将这些清洁电力输送到东部地区。450GW 的风电光伏开发，将给当地带来 2 亿元的投资，这对西部地区的基础设施建设、电力系统发展、生态治理来说都将是巨大的机遇，也会创造很多就业机会，当地利用便宜的清洁电力又可以发展各类低碳产业。

交通行业的碳中和进程，使得电动汽车等低碳交通工具替代燃油汽车成为汽车产业变迁的核心特征，这助推了中国电动汽车产业的弯道超车。在国家及地方政府配套政策的支持下，我国电动汽车实现了产业化和规模化的飞跃式发展。2017—2020年，我国纯电动汽车、插电式混合动力汽车产量呈快速上升趋势。2020年，中国电动汽车产量达到136万辆。2021年，中国电动汽车产量达到350万辆。2021年全年，中国新能源乘用车占到世界份额的53%。2022年3月24日，全球汽车信息平台MarkLines发布了2021年全球纯电动汽车销量数据，前20名中有12家中国汽车企业。特斯拉（美国）、上汽集团（中国）、大众汽车集团（德国）位列前三，比亚迪（中国）位居第四。

中国车企已经成为国际电动汽车舞台的重要力量，同时，中国在建在运的电化学储能项目总装机容量超过600万千瓦，中国已经成为世界最大的储能电池供应地。

中国的光伏、电动汽车和电化学储能产业已经展现了中国产业在面对碳中和挑战时获得了巨大的产业发展机遇。碳中和对中国的发展机遇相当于生态文明时代的WTO，加入全球的碳中和竞赛，就像2001中国加入WTO一样，一定会成为中国产业快速提高国际竞争力的重要催化剂。

思考题

1.什么是"双碳"目标？

2.实现"双碳"目标具有什么战略意义？